用友 ERP 系列丛书·用友 ERP 认证系列实验用书

U0365920

用友ERP财务管理系统
实验教程

(U8.72 第2版)

王新玲　吕志明　苏秀花　编著

清华大学出版社
北　京

内 容 简 介

本书以突出实战为主导思想，以一个企业单位的经济业务为原型，重点介绍了信息化环境下企业各项业务的处理方法和处理流程；书中为读者量身定做了十几个实验并提供了实验准备账套和结果账套，每个实验既环环相扣，又可以独立运作，适应了不同层次教学的需要。

本书共分 8 章，第 1 章和第 2 章介绍了用友 ERP-U8.72 管理软件的使用基础——系统管理和基础设置；第 3~8 章分别介绍了 ERP 财务管理系统中最重要和最基础的总账、报表、薪资管理、固定资产、应收款管理和应付款管理 6 个模块的基本功能，并以实验的形式介绍了 6 个模块的使用方法。

本书是用友 ERP 认证系列实验用书，也可以用作普通高等院校本科和高等职业院校会计以及经济管理等相关专业的教学实验用书。

图书在版编目(CIP)数据

用友 ERP 财务管理系统实验教程：U8.72 第 2 版 / 王新玲，吕志明，苏秀花 编著. —北京：清华大学出版社，2016（2025.1重印）

（用友 ERP 系列丛书·用友 ERP 认证系列实验用书）

ISBN 978-7-302-42564-9

Ⅰ.①用… Ⅱ.①王… ②吕… ③苏… Ⅲ.①财务软件－教材 Ⅳ.①F232

中国版本图书馆 CIP 数据核字(2016)第 001239 号

责任编辑：刘金喜
封面设计：唐　宇
装帧设计：牛静敏
责任校对：成凤进
责任印制：丛怀宇

出版发行：清华大学出版社
　　　　　网　　址：https://www.tup.com.cn，https://www.wqxuetang.com
　　　　　地　　址：北京清华大学学研大厦 A 座　　　　　邮　编：100084
　　　　　社 总 机：010-83470000　　　　　　　　　　　邮　购：010-62786544
　　　　　投稿与读者服务：010-62776969，c-service@tup.tsinghua.edu.cn
　　　　　质 量 反 馈：010-62772015，zhiliang@tup.tsinghua.edu.cn
印 装 者：三河市铭诚印务有限公司
经　　销：全国新华书店
开　　本：185mm×260mm　　　　　印　张：16　　　　字　数：379 千字
　　　　　（附光盘 1 张）
版　　次：2012 年 7 月第 1 版　　2016 年 3 月第 2 版　　印　次：2025 年 1 月第 12 次印刷
定　　价：68.00 元

产品编号：065062-04

序

用 ERP 武装中国企业

中国企业在经历了"发挥劳动力成本优势"、"装备现代化"两个发展阶段后，现在正进入以应用 ERP 为代表的"企业信息化"发展阶段，并为"自主技术与产品研发"阶段建立基础。

ERP(企业资源计划)系统是当今世界企业经营与管理技术进步的代表。对企业来说，应用 ERP 的价值就在于通过系统的计划和控制等功能，结合企业的流程优化，有效地配制各项资源，以加快对市场的响应，降低成本，提高效率和效益，从而提升企业的竞争力。

在发达国家 ERP 从 20 世纪 90 年代中期开始普及。中国从 80 年代开始导入 ERP 的前身 MRP 及 MRPII，经过导入期和发展期，现在开始进入 ERP 普及应用时期。在 ERP 普及时代，ERP 将不只是少数大型企业的贵族式消费，而是更广泛企业(包括中小企业)的大众化应用。

在中国 ERP 的发展时期，国产 ERP 产品和服务能力得到长足发展。国产 ERP 以其产品结合中国和亚洲商业环境与管理模式、技术上的后发优势、深入的服务网络以及良好的性能价格比在中国和亚洲市场逐步成为主流，将对中国 ERP 的普及发挥主力军作用。

在 ERP 普及时代，企业需要大量的 ERP 应用人才，全社会需要 ERP 知识的广泛普及。用友公司作为中国 ERP 应用市场最大的软件及服务提供商，不仅把推动 ERP 在中国企业普及作为我们的商业计划，更将其作为全体用友人的历史使命和共同追求的事业。出版"用友 ERP 系列丛书"就是用友普及教育计划的一个重要组成部分。

ERP 应用是中国企业继装备现代化("硬武装")之后的又一次武装("软武装")。我们期待着 ERP 在中国企业的普及应用，千百万中国企业的经营与管理水平获得一次历史性的进步，中国企业在全球市场的竞争力实现跨越式提升。

王文京

用友网络科技股份有限公司董事长兼总裁

前　言

企业信息化的全面推进，引发了新一轮对企业信息化人才的强势需求。ERP(企业资源计划)系统融先进管理思想、最佳企业业务实践于一体，受到企业界的广泛关注，几乎成为企业管理软件的代名词。作为中国最大的企业管理软件、ERP 软件供应商，用友 ERP 在国内得到了最广泛的应用。正是洞悉了企业对 ERP 应用人才的迫切需求，用友软件于 2003 年推出了面向社会大众的"用友 ERP 认证"，旨在普及 ERP 教育、提升学员的 ERP 应用技能、帮助企业建立遴选 ERP 应用人才的标准。

用友软件根据市场的用人需求，结合多年行业应用经验，设置了具有前瞻性和实用性的培训课程，既有理念体系贯穿其中，展示 ERP 蕴含的先进管理思想，又有大量实用技能的培训，帮助学员熟练掌握 ERP 应用技术，拥有利用 ERP 系统管理企业业务的能力。

为了规范认证业务，用友软件组织了相关行业专家、院校教师和实施顾问等，成立了用友 ERP 认证课件编写组，收集了大量资料及企业案例等，精心策划、共同开发了用友 ERP 认证培训教程系列丛书和用友 ERP 认证系列实验用书，本书即为其中之一。

本书从企业应用的实际出发，遵循由浅入深、循序渐进的原则，力求通俗易懂、便于操作。读者可以通过每一个实验亲身体验 ERP 财务管理系统的功能，掌握其功能特点及应用方式，提高信息化环境下的业务处理能力。

本书共分 8 章，以用友 ERP-U8.72 为实验平台，以一个单位的经济业务贯穿始终，分别介绍了 ERP 财务管理系统中最重要和最基础的总账、报表、薪资管理、固定资产、应收款管理和应付款管理 6 个子系统的应用方法。每章的内容都包括功能概述、实验目的与要求及教学建议，每个实验都包括实验准备、实验要求、实验资料和实验指导。

- 功能概述主要介绍各个系统的基本功能。
- 实验目的与要求部分明确了通过该实验应该掌握的知识点。
- 教学建议中提示了在教学过程中应该注意的问题和建议的教学时间。
- 实验准备部分指出了为了完成本实验应该准备的数据环境。
- 实验要求部分对实验内容提出了具体要求。
- 实验资料部分提供了企业业务数据作为实验的背景资料。
- 实验指导部分针对实验要求和实验资料具体描述了完成实验的操作步骤，并且给出了操作中应该注意的重点问题。

本书附录提供了一套综合实验，以检验学员是否掌握了实验教程中所讲述的内容。

本书附一张 DVD 光盘，包括三部分主要内容：用友 ERP-U8.72 教学版安装程序、实验账套和教学课件。

本书既可用作用友 ERP 认证培训教材，又可用作普通高等院校本科和专科会计所开设的会计信息系统的实验用书，还可以单独使用。使用对象是希望了解会计信息化的广大企业的业务人员、高等院校经济管理专业的学生和教师。

本书内容及结构由用友 ERP 认证课件编写组集体讨论确定，天津财经大学的王新玲、吕志明、苏秀花编著。其中王新玲编写第 1~4 章，吕志明编写第 5~6 章及附录，苏秀花编写第 7~8 章。此外，参加编写工作的还有王晨、王贺雯、陈利霞、张冰冰、王腾、周宏、彭飞、康莉、赵建新、汪刚、吕志明、吴彦文、石焱、李静宜、李冬梅、李孔月、何晓岚、房琳琳、张恒嘉、张琳、张霞、辛德强、陈江北、宋郁等。本书在编写过程中得到了新道科技股份有限公司的大力支持，在此表示衷心的感谢。

服务邮箱：wkservice@vip.163.com。

会计信息化教学交流 QQ 群：340076329

编　者

2016 年 1 月

第 2 版说明

《用友 ERP 财务管理系统实验教程(U8.72)》自 2012 年 7 月出版以来，承蒙广大读者厚爱，给予了本书创作团队极大的鼓舞，在此表示诚挚的谢意！

互联网时代降低了人们之间的沟通成本。会计信息化教学交流 QQ 群 340076329 的建立，为大家更好地学习和应用提供了交流平台，感谢很多老师在群中热情为教师同仁或同学答疑解惑。在群中或邮件中本人也收到了来自很多读者关于本书内容应用的问询和期望，也力所能及地提供了支持，所谓教学相长。

本版是在 2012 年 7 月第 1 版的基础上做的修订。为方便大家了解，将修订的主要内容归纳如下。

一、新增内容

1. 在第 3 章总账中增加了有关"编制现金流量表"的设置内容。

2. 在第 4 章报表中增加了编制现金流量表的内容。

3. 在第 5 章薪资管理系统中增加了"批增人员档案"、"设置个人所得税税率及扣税基数"的内容。

4. 本书最后新增了"附录二 U8 财务常用问题自查自助"，为广大师生更好地使用 U8 提供了方便。

二、修订内容

1. 对第 1 版中多处文字描述不准确的地方进行改正。

2. 从应用顺畅的角度，在介绍第 3 章总账时不再启用应收款系统和应付款系统。

3. 将第 4 章报表系统中的自定义利润表案例修改为自定义管理费用明细表。

4. 对应收款管理系统和应付款管理系统两章中的实验重新拆分并合并，以符合教学学时的安排。

最后，希望大家继续献计献策，创作团队也将再接再厉，为大家奉献精品！

光盘使用说明

欢迎您使用《用友 ERP 财务管理系统实验教程(U8.72 第 2 版)》(以下简称"实验教程"),此实验教程光盘中所附的内容包括用友 ERP-U8.72 教学版软件、实验账套和电子课件。光盘中的备份账套是实验得以顺利操作的保证。

1. 用友 ERP-U8.72 软件安装

该实验教程是在"用友 ERP-U8.72"系统中进行操作的,您必须在计算机中安装用友 ERP-U8.72 教学版软件,然后进行实验的操作。

用友 ERP-U8.72 的安装步骤和所需要的组件较多,具体的安装方法和设置请参见光盘中的"U8.72 安装说明.doc"文档。

2. 账套使用方法

光盘中的备份账套均为"压缩"和"只读"文件,应首先将相应的压缩文件从光盘复制到硬盘中,再用解压缩工具进行解压缩(建议用 WinRAR 3.42 或以上版本进行解压缩),得到可以引用的相应账套。引入账套之前,需将已解压到硬盘中的账套备份文件的"只读"属性去除,否则将不能引入相应的账套。

您可以在做实验前引入相应的账套,也可以将实验结果与备份账套相核对以验证实验的正确性。

3. 电子课件

为便于教学,本书所附光盘中提供了本实验教程的教学课件,任课教师可根据授课时的具体情况选择使用,以提高教学效率。

祝您学习顺利……

目　　录

第1章　系统管理 ··· 1

  实验一　系统管理 ··· 2

    实验准备 ··· 2

    实验要求 ··· 2

    实验资料 ··· 2

    实验指导 ··· 3

第2章　企业应用平台 ··· 15

  实验一　基础设置 ··· 16

    实验准备 ··· 16

    实验要求 ··· 16

    实验资料 ··· 16

    实验指导 ··· 18

第3章　总账系统 ··· 27

  实验一　总账系统初始化 ··· 28

    实验准备 ··· 28

    实验要求 ··· 28

    实验资料 ··· 28

    实验指导 ··· 31

  实验二　总账系统日常业务处理 ··· 41

    实验准备 ··· 41

    实验要求 ··· 41

    实验资料 ··· 42

    实验指导 ··· 42

  实验三　出纳管理 ··· 57

    实验准备 ··· 57

    实验要求 ··· 57

    实验资料 ··· 58

    实验指导 ··· 58

  实验四　总账期末业务处理 ··· 64

    实验准备 ··· 64

    实验要求 ··· 64

实验资料 ··· 64

实验指导 ··· 65

第 4 章　UFO 报表系统 ·· 73

实验一　自定义报表 ··· 74

实验准备 ··· 74

实验要求 ··· 74

实验资料 ··· 74

实验指导 ··· 75

实验二　利用报表模板生成资产负债表 ······················· 82

实验准备 ··· 82

实验要求 ··· 82

实验资料 ··· 82

实验指导 ··· 82

第 5 章　薪资管理系统 ·· 87

实验一　薪资管理系统初始化 ····································· 88

实验准备 ··· 88

实验要求 ··· 88

实验资料 ··· 88

实验指导 ··· 90

实验二　薪资管理业务处理 ·· 100

实验准备 ··· 100

实验要求 ··· 100

实验资料 ··· 100

实验指导 ··· 101

第 6 章　固定资产系统 ·· 111

实验一　固定资产系统初始化 ····································· 112

实验准备 ··· 112

实验要求 ··· 112

实验资料 ··· 112

实验指导 ··· 114

实验二　固定资产日常业务处理 ································· 121

实验准备 ··· 121

实验要求 ··· 121

实验资料 ··· 122

实验指导 ··· 122

第 7 章　应收款管理系统 ···133

实验一　应收款管理系统初始化 ·····································134

实验准备 ···134

实验要求 ···134

实验资料 ···134

实验指导 ···137

实验二　单据处理 ···149

实验准备 ···149

实验要求 ···149

实验资料 ···150

实验指导 ···150

实验三　票据管理 ···160

实验准备 ···160

实验要求 ···161

实验资料 ···161

实验指导 ···161

实验四　转账处理、坏账处理及其他 ·····························166

实验准备 ···166

实验要求 ···167

实验资料 ···167

实验指导 ···167

实验五　坏账处理、其他处理与查询 ·····························173

实验准备 ···173

实验要求 ···173

实验资料 ···173

实验指导 ···173

第 8 章　应付款管理系统 ···185

实验一　应付款管理系统初始化 ·····································186

实验准备 ···186

实验要求 ···186

实验资料 ···186

实验指导 ···187

实验二　单据处理 ···194

实验准备 ···194

实验要求 ···195

实验资料 ···195

实验指导 ···196

实验三　票据管理 ···204

实验准备 ·· 204
实验要求 ·· 204
实验资料 ·· 204
实验指导 ·· 204
实验四　转账处理 ·· 207
实验准备 ·· 207
实验要求 ·· 208
实验资料 ·· 208
实验指导 ·· 208

附录一　综合实验 ··· 213
实验一　系统管理与基础设置 ·· 213
实验准备 ·· 213
实验要求 ·· 213
实验资料 ·· 213
实验二　总账系统初始化 ·· 216
实验准备 ·· 216
实验要求 ·· 216
实验资料 ·· 216
实验三　总账系统日常业务处理 ······································ 218
实验准备 ·· 218
实验要求 ·· 218
实验资料 ·· 218
实验四　编制报表 ·· 219
实验准备 ·· 219
实验要求 ·· 220
实验资料 ·· 220
实验五　薪资管理 ·· 221
实验准备 ·· 221
实验要求 ·· 221
实验资料 ·· 222
实验六　固定资产系统 ·· 224
实验准备 ·· 224
实验要求 ·· 224
实验资料 ·· 225
实验七　应收款系统 ·· 227
一、初始设置 ·· 227
实验准备 ·· 227
实验要求 ·· 227

　　　　实验资料···227

　　二、日常业务处理···228

　　　　实验要求···228

　　　　实验资料···228

实验八　应付款系统···229

　　一、初始设置···229

　　　　实验准备···229

　　　　实验要求···229

　　　　实验资料···229

　　二、日常业务处理···230

　　　　实验要求···230

　　　　实验资料···230

附录二　U8 财务常用问题自查自助 ·······························231

第 1 章

系 统 管 理

功能概述

系统管理的主要功能是对用友 ERP-U8.72 管理系统的各个产品进行统一的操作管理和数据维护，包括以下内容。

- 账套管理：账套指的是一组相互关联的数据，每一个企业(或每一个独立核算部门)的数据在系统内部都体现为一个账套。账套管理包括账套的建立、修改、引入和输出等。
- 年度账管理：在用友 ERP-U8.72 管理系统中，每个账套里都存放有企业不同年度的数据，称为年度账。年度账管理包括年度账的建立、引入、输出和结转上年数据，清空年度数据等。
- 用户及权限的集中管理：为了保证系统数据的安全与保密，系统管理提供了用户及其功能权限的集中管理功能。通过对系统操作分工和权限的管理，一方面可以避免与业务无关的人员进入系统；另一方面可以按照企业需求对各个用户进行管理授权，以保证各负其责。用户及权限的集中管理主要包括定义角色、设定系统用户及设置用户功能权限。
- 系统运行安全的统一管理：系统管理员要对系统运行安全负责，在系统管理中，可以对整个系统的运行过程进行监控、清除系统运行过程中的异常任务、设置系统自动备份计划等。

实验目的与要求

系统地学习系统管理的主要功能和操作方法，理解系统管理在用友 ERP-U8.72 系统中的重要地位，掌握在系统管理中设置用户、建立企业账套和设置用户权限的方法，熟悉账套输出和引入的方法。

教学建议

建议本章讲授 2 课时，上机实验 2 课时。

实验一　系统管理

实验准备

已安装用友 ERP-U8.72 管理软件，将系统日期修改为 "2016 年 1 月 1 日"。

实验要求

- 增加用户
- 建立账套(不进行系统启用的设置)
- 设置用户权限
- 设置备份计划
- 将账套修改为有 "外币核算" 的账套
- 账套备份

实验资料

1. 用户及其权限(如表 1-1 所示)

表 1-1　用户及其权限表

编　号	姓　名	口　令	所属部门	认证方式	角　色	权　限
001	周健	001	财务部	用户+口令(传统)	账套主管	账套主管的全部权限
002	王东	002	财务部	用户+口令(传统)	总账会计	除总账会计权限外，增加凭证复制权限和现金流量录入权限
003	张平	003	财务部	用户+口令(传统)	出纳	总账系统中出纳签字(GL0203)及出纳(GL04)的所有权限

2. 账套信息

账套号：300

单位名称：北京华兴股份有限公司

单位简称：华兴公司

单位地址：北京市海淀区花园路甲1号

法人代表：杨文

邮政编码：100088

税号：100011010266888

启用会计期：2016年1月

企业类型：工业

行业性质：2007年新会计制度科目

账套主管：周健

基础信息：对存货、客户进行分类

分类编码方案

    科目编码级次：4222

    客户分类编码级次：123

    部门编码级次：12

    存货分类编码级次：122

    收发类别编码级次：12

    结算方式编码级次：12

3. 自动备份计划

计划编号：2016-1

计划名称：300账套备份

备份类型：账套备份

发生频率：每周

发生天数：1

开始时间：18:00

有效触发：2

保留天数：0

备份路径：C:\账套备份

账套：300北京华兴股份有限公司

实验指导

1. 以系统管理员身份登录系统管理

操作步骤

(1) 执行"开始"|"程序"|"用友ERP-U8.72"|"系统服务"|"系统管理"命令，打开"用友ERP-U8［系统管理］"窗口。

(2) 执行"系统"|"注册"命令，打开"登录"系统管理对话框。

(3) 系统中预先设定了一个系统管理员 admin，第一次运行时，系统管理员密码为空，如图 1-1 所示。单击"确定"按钮，以系统管理员身份进入系统管理。

图 1-1　以系统管理员身份登录系统管理

提示

系统管理员的初始密码为空。为保证系统运行的安全性，在企业实际应用中应及时为系统管理员设置密码。设置系统管理员密码为"super"的操作步骤是：在"登录"系统管理对话框中选中"改密码"复选框，单击"确定"按钮，打开"设置操作员密码"对话框，在"新密码"和"确认"文本框中均输入"super"，如图 1-2 所示；最后单击"确定"按钮，返回系统管理。在教学过程中，由于多人共用一套系统，为了避免由于他人不知道系统管理员密码，而无法以系统管理员身份进入系统管理的情况出现，建议不要给系统管理员设置密码。

图 1-2　为系统管理员设置密码

2. 增加用户

只有系统管理员(admin)才能进行增加用户的操作。

操作步骤

(1) 以系统管理员身份登录系统管理，执行"权限"|"用户"命令，打开"用户管理"对话框。

(2) 单击"增加"按钮，打开"操作员详细情况"对话框，录入编号"001"、姓名"周健"、认证方式"用户+口令(传统)"、口令及确认口令"001"、所属部门"财务部",在"所属角色"列表框中选中"账套主管"前的复选框,如图 1-3 所示。

图 1-3 增加用户

(3) 单击"增加"按钮,依次设置其他操作员。设置完成后单击"取消"按钮退出。

提示

- 在增加用户时可以直接指定用户所属角色,如周健的角色为"账套主管",王东的角色为"总账会计"。由于系统中已经为预设的角色赋予了相应的权限,因此,如果在增加用户时就指定了相应的角色,则其就自动拥有了该角色的所有权限。如果该用户所拥有的权限与该角色的权限不完全相同,可以在"权限"|"权限"功能中进行修改。
- 如果已设置用户为"账套主管"角色,那么该用户也是系统内所有账套的账套主管。
- 用户被启用后将不允许删除。如果用户使用过系统又被调离单位,应在用户管理窗口中单击"修改"按钮,在"操作员详细情况"对话框中单击"注销当前用户"按钮,最后单击"确定"按钮返回系统管理,此后该用户无权再进入系统。

3. 建立账套

只有系统管理员可以建立企业账套。建账过程可在建账向导的引导下完成。

操作步骤

(1) 以系统管理员身份注册进入系统管理,执行"账套"|"建立"命令,打开"创建账套—账套信息"对话框。

(2) 录入账套号"300",账套名称"北京华兴股份有限公司",启用会计期"2016-1",如图 1-4 所示。

图 1-4　账套信息

提示

- 账套号是账套的唯一标识，可以自行设置 3 位数字，但不允许与已存账套的账套号重复，账套号设置后将不允许修改。
- 账套名称是账套的另一种标识方法，它将与账套号一起显示在系统正在运行的屏幕上。账套名称可以自行设置，并可以由账套主管在修改账套功能中进行修改。
- 系统默认的账套路径是用友 ERP-U8.72 的安装路径，可以进行修改。
- 建立账套时系统会将启用会计期自动默认为系统日期，应注意根据所给资料修改，否则将会影响到企业的系统初始化及日常业务处理等内容的操作。

(3) 单击"下一步"按钮，打开"创建账套—单位信息"对话框。

(4) 录入单位信息，如图 1-5 所示。

图 1-5　设置单位信息

提示

- 单位信息中只有"单位名称"是必须录入的。必须录入的信息以蓝色字体表示(以下同)。
- 单位名称应录入企业的全称，以便打印发票时使用。

(5) 单击"下一步"按钮,打开"创建账套—核算类型"对话框。

(6) 单击"账套主管"栏的下三角按钮,选择"[001]周健",其他采取系统默认,如图 1-6 所示。

图 1-6 设置核算类型

提示

- 行业性质将决定系统预置科目的内容,必须选择正确。
- 如果事先增加了用户,则可以在建账时选择该用户为该账套的账套主管。如果建账前未设置用户,建账过程中可以先选一个操作员作为该账套的主管,待账套建立完成后再到"权限"功能中进行账套主管的设置。
- 如果选择了按行业性质预置科目,则系统根据用户所选择的行业类型自动装入国家规定的一级科目及部分二级科目。

(7) 单击"下一步"按钮,打开"创建账套—基础信息"对话框。

(8) 分别选中"存货是否分类"及"客户是否分类"复选框,如图 1-7 所示。

图 1-7 设置基础信息

提示

- 本企业要求对存货、客户进行分类,不对供应商进行分类,且无外币核算。
- 是否对存货、客户及供应商进行分类将会影响到其档案的设置。有无外币核算将会影响基础信息的设置及日常能否处理外币业务。

● 如果基础信息设置错误，可以由账套主管在修改账套功能中进行修改。

(9) 单击"完成"按钮，弹出系统提示"可以创建账套了么？"。单击"是"按钮，稍候，打开"编码方案"对话框。

(10) 按所给资料修改分类编码方案，如图1-8所示。

提示

● 编码方案的设置，将会直接影响到基础信息设置中相应内容的编码级次及每级编码的位长。

● 删除编码级次时，必须从最后一级向前依次删除。

(11) 单击"确定"按钮，再单击"取消"按钮，打开"数据精度"对话框，如图1-9所示。

项目	最大级数	最大长度	单级最大长度	第1级	第2级	第3级	第4级	第5级	第6级	第7级	第8级	第9级
科目编码级次	9	15	9		2	2	2					
客户分类编码级次	5	12	9	1	2	3						
存货分类编码级次	8	12	9	1	2	2						
部门编码级次	5	12	9	1	2							
地区分类编码级次	5	12	9	2	3	4						
费用项目分类	5	12	9	1	2							
结算方式编码级次	2	3	3	1	2							
货位编码级次	8	20	9	2	3	4						
收发类别编码级次	3	5	5	1	2							
项目设备	8	30	9									
责任中心分类档案	5	30	9									
项目要素分类档案	6	30	9									
客户权限组级次	5	12	9	2	3	4						
意向客户权限组级次	5	12	9	2	3	4						

确定(O) 取消(C) 帮助(F)

图1-8　修改分类编码方案

数据精度

请按您单位的需要认真填写

存货数量小数位	2
存货体积小数位	2
存货重量小数位	2
存货单价小数位	2
开票单价小数位	2
件数小数位	2
换算率小数位	2
税率小数位	2

确定(O) 取消(C) 帮助(F)

图1-9　"数据精度"对话框

(12) 默认系统预置的数据精度的设置，单击"确定"按钮，稍后系统弹出信息提示框，如图1-10所示。

创建账套

北京华兴股份有限公司：[300]建立成功您可以现在进行系统启用的设置，或以后从[企业门户_基础信息]进入[系统启用]功能

现在进行系统启用的设置？

是　　否

图1-10　是否进行系统启用提示

提示

如果单击"是"按钮则可以直接进行"系统启用"的设置；也可以单击"否"按钮先

结束建账过程，之后在企业应用平台的基础信息中再进行系统启用设置。

(13) 单击"否"按钮，结束建账过程。系统弹出"请进入企业应用平台进行业务操作！"提示，单击"确定"按钮返回系统管理。

4. 设置操作员权限

设置操作员权限的工作应由系统管理员或该账套的主管，在系统管理中的权限功能中完成。在权限功能中既可以对角色赋权，又可以对用户赋权。如果在设置账套时已经正确地选择了该账套的主管，则此时可以查看；否则，可以在权限功能中设置账套主管。如果在设置用户时已经指定该用户的所属角色，并且该角色已经被赋权，则该用户已经拥有了与所选角色相同的权限；如果经查看后发现该用户的权限并不与该角色完全相同，则可以在权限功能中进行修改；如果在设置用户时并未指定该用户所属的角色，或虽已指定该用户所属的角色，但该角色并未进行权限设置，则该用户的权限应直接在权限功能中进行设置，或者应先设置角色的权限再设置用户并指定该用户所属的角色，则角色的权限就自动传递给用户了。

查看周健是否为 300 账套的账套主管

操作步骤

(1) 在系统管理中，执行"权限"|"权限"命令，打开"操作员权限"窗口。

(2) 在"账套主管"右边的下拉列表框中选中"[300]北京华兴股份有限公司"账套。

(3) 在左侧的操作员列表中，选中"001"号操作员周健，如图 1-11 所示。

图 1-11　操作员权限

提示

- 只有系统管理员才有权设置或取消账套主管。而账套主管只有权对所辖账套进行操作员的权限设置。
- 设置权限时应注意分别选中"账套"及相应的"用户"。
- 如果此时查看到 300 账套主管前的复选框为未选中状态,则可以单击该复选框将其选中,设置该用户为 300 账套的账套主管。
- 账套主管拥有该账套的所有权限,因此无须为账套主管另外赋权。
- 一个账套可以有多个账套主管。

为王东赋权

操作步骤

(1) 在"操作员权限"窗口中,选中"002"号操作员王东,因为在新增用户时已经赋予了王东"总账会计"的角色,因此选中"显示所属角色权限"复选框后,右边窗口中自动显示总账会计角色所具有的权限。

(2) 单击"修改"按钮 。

(3) 在右侧窗口中,单击"总账"前的"+"标记,依次展开"总账"、"凭证"前的"+"号标记,展开其下级菜单。

(4) 单击"凭证复制"复选框,使之为选中状态;单击"凭证处理"前的"+"标记展开其下级菜单,选中"现金流量录入"复选框,如图 1-12 所示。

图 1-12　增加和调整用户权限 1

(5) 单击"保存"按钮返回。

为张平赋权

操作步骤

(1) 在"操作员权限"窗口中，选中"003"号操作员张平，从图 1-13 所示的右侧窗口中可以看出，张平此时没有任何权限。

(2) 单击"修改"按钮 ✎。

(3) 单击"总账"前的"+"标记，依次展开"总账"、"凭证"前的"+"号标记。

(4) 单击选中"出纳签字"复选框，再单击选中"出纳"复选框，如图 1-13 所示。

图 1-13　增加和调整用户权限 2

(5) 单击"保存"按钮返回。

提示

如果在设置用户时已经指定张平的角色为"出纳"，此时只需要再赋予张平"出纳签字"的权限即可。

5. 设置系统自动备份计划

设置系统自动备份计划的工作应由系统管理员在系统管理的"设置备份计划"功能中完成。

操作步骤

(1) 在 C:盘中新建"账套备份"文件夹。

(2) 在系统管理中，执行"系统"|"设置备份计划"命令，打开"备份计划设置"对话框。

(3) 单击"增加"按钮，打开"备份计划详细情况"对话框。

(4) 录入计划编号"2016-1"、计划名称"300 账套备份"；单击"发生频率"栏的下三角按钮，选择"每周"；在"发生天数"栏录入或选择"1"，在"开始时间"栏录入"18:00:00"；单击"增加"按钮，在"请选择备份路径"选项区中单击"浏览"按钮，打开"请选择账套备份路径"对话框。

(5) 选择"C:\账套备份"文件夹为备份路径，单击"确定"按钮返回。

(6) 选中"300 北京华兴股份有限公司"前的复选框，如图 1-14 所示。

图 1-14　增加备份计划

(7) 单击"增加"按钮，保存备份计划设置，单击"取消"按钮退出。

6. 修改账套

修改账套的工作应由账套主管在系统管理的"账套"|"修改"功能中完成。

操作步骤

(1) 执行"系统"|"注册"命令，打开"登录"系统管理对话框。

提示

如果此时已由其他操作员注册系统管理，则应先通过执行"系统"|"注销"命令注销当前操作员后，再由账套主管重新注册。

(2) 录入操作员"001"(或周健)，密码"001"；单击"账套"栏的下三角按钮，选择"[300](default)北京华兴股份有限公司"，如图 1-15 所示。

图 1-15 账套主管登录系统管理

(3) 单击"确定"按钮，以账套主管的身份登录系统管理。

(4) 执行"账套"|"修改"命令，打开"修改账套"对话框。

(5) 单击"下一步"按钮，打开"单位信息"对话框。

(6) 单击"下一步"按钮，打开"核算类型"对话框。

(7) 单击"下一步"按钮，打开"基础信息"对话框。

(8) 单击选中"有无外币核算"复选框。

(9) 单击"完成"按钮，系统弹出提示"确认修改账套了么？"。

(10) 单击"是"按钮，并在"分类编码方案"和"数据精度"对话框中分别单击"取消"和"确定"按钮后确定修改成功。

7. 账套备份

账套备份的工作应由系统管理员在系统管理的"账套"|"输出"功能中完成。

操作步骤

(1) 在 D:盘中新建"300 账套备份"文件夹，再在"300 账套备份"文件夹中新建"(1-1)系统管理"文件夹。

(2) 由系统管理员注册系统管理，执行"账套"|"输出"命令，打开"账套输出"对话框。

(3) 单击"账套号"栏的下三角按钮，选择"[300]北京华兴股份有限公司"，如图 1-16所示。

图 1-16 "账套输出"对话框

(4) 单击"确认"按钮，打开"选择备份目标"对话框。

(5) 在"选择备份目标"对话框中，选择"D:\300 账套备份\(1-1)系统管理"文件夹，单击"确定"按钮。

(6) 系统进行账套数据输出，完成后，弹出"输出成功"信息提示框，单击"确定"按钮返回。

提示

- 利用"账套输出"功能还可以进行"删除账套"的操作。方法是在"账套输出"对话框中，选中"删除当前输出账套"复选框，单击"确认"按钮，系统在删除账套前同样要进行账套输出，当输出完成后系统提示"真要删除该账套吗？"，单击"是"按钮则可以删除该账套。
- 只有系统管理员有权进行账套输出。
- 正在使用的账套可以进行账套输出而不允许进行账套删除。
- 备份账套时应先建立一个备份账套的文件夹，以便将备份数据存放在目标文件夹中。

第2章

企业应用平台

功能概述

顾名思义,企业应用平台就是用友 ERP-U8.72 管理软件的集成应用平台,可以实现系统基础数据的集中维护、各种信息的及时沟通、数据资源的有效利用。企业应用平台为企业员工、合作伙伴提供了访问系统的唯一通道;通过企业应用平台,用户可以设计个性化工作流程,提高工作效率,还可以实现与日常办公的协同进行。

企业应用平台中包含的内容极为丰富,与系统应用相关的主要项目包括以下几项。

- 设置:包括基本信息、基础档案、数据权限和单据的设置。在基本信息中,可以设置系统启用、修改建账时设置的分类编码方案和数据精度。在基础档案中可以设置用友 ERP-U8.72 管理软件中各个子系统公用的基础档案信息,如机构人员、客商信息、财务信息等。在数据权限中可以针对系统数据的操作权限进行进一步细分。单据设置提供了个性化单据显示及打印格式的定义。
- 业务:将用友 ERP-U8.72 管理软件分为财务会计、供应链、集团应用等功能群,每个功能群中又包括若干功能模块,此处也是用户访问用友 ERP-U8.72 管理软件中各功能模块的唯一通道。
- 工具:提供了常用的系统配置工具。

实验目的与要求

理解企业应用平台在用友 ERP-U8.72 管理软件中的作用。掌握在企业应用平台中设置系统启用、建立各项基础档案、进行数据权限设置及单据设置的方法。理解各项基础档案在系统中所起的作用及各项目的含义。

教学建议

建议本章讲授 2 课时，上机实验 2 课时。

实验一　基 础 设 置

实验准备

引入"D:\300 账套备份\(1-1)系统管理"的备份数据，或引入光盘中的"实验账套\(1-1)系统管理"中的数据。

实验要求

- 启用总账系统(启用日期为 2016 年 1 月 1 日)
- 设置部门档案
- 设置人员类别
- 设置职员档案
- 设置客户分类
- 设置客户档案
- 设置供应商档案
- 设置操作员王东有权对张平及周健所填制凭证进行查询、审核以及弃审的权限操作
- 利用单据设计功能将"应收单"表头中的"币种"项目和"汇率"项目删除
- 账套备份

实验资料

1. 部门档案(如表 2-1 所示)

表 2-1　部门档案表

部 门 编 码	部 门 名 称
1	人事部
2	财务部
3	供应部
4	销售部
401	销售一科
402	销售二科
5	生产部

2. 人员类别

企业在职人员分为以下 4 种(如表 2-2 所示)。

表 2-2　企业在职人员类别

人员类别编码	人员类别名称
1001	企业管理人员
1002	经营人员
1003	车间管理人员
1004	生产工人

3. 人员档案(如表 2-3 所示)

表 2-3　人员档案表

人员编码	人员姓名	性　别	人员类别	行政部门	是否业务员
001	杨文	男	企业管理人员	人事部	
002	周健	男	企业管理人员	财务部	
003	王东	男	企业管理人员	财务部	
004	张平	女	企业管理人员	财务部	
005	杨明	男	经营人员	供应部	是
006	刘红	女	经营人员	销售一科	是
007	韩乐乐	男	经营人员	销售二科	是
008	刘伟	男	车间管理人员	生产部	
009	齐天宇	男	生产工人	生产部	

4. 客户分类(如表 2-4 所示)

表 2-4　客户分类表

类别编码	类别名称
1	北京地区
2	上海地区
3	东北地区
4	华北地区
5	西北地区

5. 客户档案(如表 2-5 所示)

表 2-5　客户档案表

客户编码	客 户 名 称	客 户 简 称	所属分类	税　号	分管部门	分管业务员
01	北京天益公司	天益公司	1	110320104320012	销售一科	刘红
02	北京大地公司	大地公司	1	110433249543899	销售一科	刘红
03	上海邦立公司	邦立公司	2	210003232432247	销售一科	刘红
04	上海明兴公司	明兴公司	2	210854987043340	销售一科	刘红
05	鞍山钢铁厂	鞍山钢铁厂	3	120456486329565	销售二科	韩乐乐
06	石家庄伟达公司	伟达公司	4	320854584389288	销售二科	韩乐乐
07	陕西光华公司	光华公司	5	559438888288425	销售二科	韩乐乐

6. 供应商档案(如表 2-6 所示)

表 2-6　供应商档案表

供应商编码	供应商名称	供应商简称	所属分类	税　号	分管部门	分管业务员
01	北京无忧公司	无忧公司	00	110435845278434	供应部	杨明
02	辽宁大为公司	大为公司	00	430455882395738	供应部	杨明
03	天津杰信公司	杰信公司	00	120885694387622	供应部	杨明

实验指导

1. 启用总账系统

启用总账系统有两种方法:一种是系统管理员在建立账套时直接启用,另一种是账套主管在企业应用平台的基本信息中启用。300 账套并没有在账套建立后直接启用任何系统,因此现在在企业应用平台中启用总账系统。

操作步骤

(1) 执行"开始"|"程序"|"用友 ERP-U872"|"企业应用平台"命令,打开"登录"对话框。

(2) 录入操作员"001"(或周健),密码"001";单击"账套"栏的下三角按钮,选择"[300](default)北京华兴股份有限公司",如图 2-1 所示。

图 2-1　登录企业应用平台

(3) 单击"确定"按钮，打开"企业应用平台"窗口。

(4) 在"基础设置"选项卡中，执行"基本信息"|"系统启用"命令，打开"系统启用"对话框。

(5) 选中"GL 总账"前的复选框，弹出"日历"对话框。

(6) 选择"日历"对话框中的"2016 年 1 月 1 日"，如图 2-2 所示。

图 2-2　启用总账

(7) 单击"确定"按钮，系统弹出"确实要启用当前系统吗？"信息提示框，单击"是"按钮，完成总账系统的启用。

提示

● 只有账套主管才有权在企业应用平台中进行系统启用。

● 各系统的启用时间必须大于或等于账套的启用时间。

2. 设置部门档案

操作步骤

(1) 在"基础设置"选项卡中,执行"基础档案"|"机构人员"|"部门档案"命令,打开"部门档案"对话框。

(2) 单击"增加"按钮,录入部门编码"1"、部门名称"人事部",如图 2-3 所示。

图 2-3　部门档案

(3) 单击"保存"按钮。以此方法依次录入其他的部门档案。

提示

● 部门编码必须符合在分类编码方案中定义的编码规则。

● 由于此时还未设置"人员档案",部门中的"负责人"暂时不能设置。如果需要设置,必须在完成"人员档案"设置后,再回到"部门档案"中以修改的方式补充设置。

3. 设置人员类别

操作步骤

(1) 在"基础设置"选项卡中,执行"基础档案"|"机构人员"|"人员类别"命令,打开"人员类别"窗口。

(2) 单击"增加"按钮,按实验资料在在职人员下增加人员类别。

提示

● 人员类别与工资费用的分配、分摊有关,工资费用的分配及分摊是薪资管理系统的一项重要功能。人员类别设置的目的是为工资分摊生成凭证设置相应的入账科目做准备的，可以按不同的入账科目需要来设置不同的人员类别。

- 人员类别是人员档案中的必选项目，需要在人员档案建立之前设置。
- 人员类别名称可以修改，但已使用的人员类别名称不能删除。

4. 设置人员档案

操作步骤

(1) 在"基础设置"选项卡中，执行"基础档案"|"机构人员"|"人员档案"命令，打开"人员列表"窗口。

(2) 单击左窗口中"部门分类"下的"人事部"。

(3) 单击"增加"按钮，在"人员档案"对话框中按实验资料输入人员信息，如图 2-4 所示。

图 2-4　增加人员档案

(4) 单击"保存"按钮。

(5) 同理依次输入其他人员档案。

提示

- 此处的人员档案应该包括企业所有员工。
- 人员编码必须唯一，行政部门只能是末级部门。
- 如果该员工需要在其他档案或其他单据的"业务员"项目中被参照，需要选中"是否业务员"复选框。

5. 设置客户分类

操作步骤

(1) 在"基础设置"选项卡中，执行"基础档案"|"客商信息"|"客户分类"命令，打开"客户分类"对话框。

(2) 单击"增加"按钮，按实验资料输入客户分类信息，如图 2-5 所示。

图 2-5　客户分类

(3) 单击"保存"按钮。

(4) 同理依次录入其他的客户分类。

提示

● 客户是否需要分类应在建立账套时确定。

● 客户分类编码必须符合编码规则。

6. 设置客户档案

操作步骤

(1) 在"基础设置"选项卡中，执行"基础档案"|"客商信息"|"客户档案"命令，打开"客户档案"窗口。窗口分为左右两部分，左窗口中显示已经设置的客户分类，单击鼠标选中某一客户分类，右窗口中显示该分类下所有的客户列表。

(2) 单击"增加"按钮，打开"增加客户档案"对话框。对话框中共包括 4 个选项卡，即"基本"、"联系"、"信用"及"其他"，用于对客户不同的属性分别归类记录。

(3) 按实验资料输入"客户编码"、"客户名称"、"客户简称"、"所属分类"、"税号"、"分管部门"、"分管业务员"等相关信息，如图 2-6 所示。

图 2-6　增加客户档案

(4) 单击"保存"按钮。

(5) 以此方法依次录入其他的客户档案。

提示

之所以设置"分管部门"、"分管业务员",是为了在应收应付款管理系统中填制发票等原始单据时能自动根据客户显示部门及业务员的信息。

7. 设置供应商档案

操作步骤

(1) 在"基础设置"选项卡中,执行"基础档案"|"客商信息"|"供应商档案"命令,打开"供应商档案"窗口。窗口分为左右两部分,左窗口中显示供应商无分类,右窗口中显示所有的供应商列表。

(2) 单击"增加"按钮,打开"增加供应商档案"窗口,按实验资料输入供应商信息。

(3) 同理,依次录入其他的供应商档案。

提示

● 在录入供应商档案时,供应商编码及供应商简称必须录入。

● 由于该账套中并未对供应商进行分类,因此所属分类为无分类。

● 供应商是否分类应在建立账套时确定,此时不能修改;如果修改只能在未建立供应商档案的情况下，在系统管理中以修改账套的方式修改。

● 供应商编码必须唯一。

8. 设置数据权限

操作步骤

(1) 在"系统服务"选项卡中，执行"权限"|"数据权限分配"命令，打开"权限浏览"窗口。

(2) 在左侧"用户及角色"列表中选择"002 王东"，再单击"授权"按钮，打开"记录权限设置"对话框。

(3) 单击"业务对象"栏的下三角按钮，选择"用户"。

(4) 选中"查询"、"审核"、"弃审"3 个复选框。

(5) 单击"〉"按钮将"003 张平"从"禁用"列表中选择到"可用"列表中，以此方法选择"001 周健"，如图 2-7 所示。

图 2-7　记录权限设置

(6) 单击"保存"按钮，系统弹出"保存成功"信息提示框，再单击"确定"按钮。

提示

● 必须在系统管理中定义角色或用户，并分配完功能能级权限后才能进行数据权限的分配。

● 数据权限包括记录级权限和字段级权限，可以分别进行授权。

● 可以在"数据权限控制设置"中选择需要进行数据权限设置的业务对象。

9. 单据设计

操作步骤

(1) 在"基础设置"选项卡中，执行"单据设置"|"单据格式设置"命令，打开"单据格式设置"窗口。

(2) 在左侧窗口中执行"应收款管理"|"应收单"|"显示"|"应收单显示模板"命令，打开"应收单"的格式设置对话框，如图2-8所示。

图2-8　应收单显示模板

(3) 单击"应收单"中的表头项目"币种5"，单击"删除"按钮，系统提示"是否删除当前选择项目？"信息，单击"是"按钮。同理删除"应收单"表头项目中的"汇率6"。

(4) 单击窗口上的"退出"按钮，系统提示"模板已修改，是否保存？"，单击"是"按钮确认。

提示

- 单据设计只能在"企业应用平台"中进行。
- 只有在启用了"应付"、"应收"系统或其他业务系统时，在"企业应用平台"的单据目录分类中才会列出与启用系统相对应的单据分类及内容。
- 单据设计功能可以分别进行不同模块中不同单据的显示格式和打印格式的设置。
- 可以分别就单据的显示格式和打印格式设置单据属性设计、表头项目设计、表体项目设计、单据项目属性设计、单据标题属性设计。

10. 账套备份

在"D:\300 账套备份"文件夹中新建"(2-1)基础设置"文件夹，将账套输出至"(2-1)基础设置"文件夹中。

第 3 章

总 账 系 统

功能概述

总账系统的任务就是利用建立的会计科目体系，输入和处理各种记账凭证，完成记账、结账以及对账的工作，输出各种总分类账、日记账、明细账和有关辅助账。总账系统主要提供凭证处理、账簿管理、出纳管理和期末转账等基本核算功能，并提供个人、部门、客户、供应商、项目核算等辅助管理功能。在业务处理过程中，可以随时查询包含未记账凭证的所有账表，充分满足管理者对信息及时性的要求。

总账系统具体包括以下内容。

- 系统初始化：为总账系统日常业务处理工作所做的准备，主要包括设置系统参数、设置会计科目体系、录入期初余额、设置凭证类别、设置结算方式等。
- 日常业务处理：主要包括填制凭证、审核凭证、出纳签字、记账、查询和汇总记账凭证。
- 出纳管理：提供支票登记簿功能，用来登记支票的领用情况，并可查询银行日记账、现金日记账及资金日报表，定期将企业银行日记账与银行对账单进行核对，并编制银行存款余额调节表。
- 账簿管理：提供按多种条件查询总账、日记账及明细账等，具有总账、明细账和凭证联查功能。另外还提供了辅助账查询功能。
- 期末处理：完成月末自动转账处理，进行试算平衡、对账、结账及生成月末工作报告。

实验目的与要求

系统地学习总账系统初始化、日常业务处理的主要内容和操作方法。要求掌握总账系统初始化中设置会计科目，录入期初余额及设置相关分类、档案资料的方法；掌握总账系统日常业务处理中凭证处理和记账的方法；熟悉出纳管理的内容和处理方法；熟悉期末业务处理的内容和方法。

教学建议

总账系统是 ERP 财务管理系统中的基础内容，是在实际工作中运用最为广泛的系统，其功能较为全面，学习时要根据不同模块的组合，结合会计工作的实际，灵活地运用总账系统的功能，为不同单位的实际工作服务。

建议本章讲授 8 课时，上机练习 12 课时。

实验一 总账系统初始化

实验准备

引入"D:\300 账套备份\(2-1)基础设置"的账套备份数据，或引入光盘中的"实验账套\(2-1)基础设置"。将系统日期修改为"2016 年 1 月 31 日"，以账套主管的身份注册进入企业应用平台。

实验要求

- 设置系统参数
- 设置会计科目：指定会计科目、增加会计科目及修改会计科目
- 设置项目目录
- 设置凭证类别
- 输入期初余额
- 设置结算方式
- 账套备份

实验资料

1. 300 账套总账系统的参数

- 制单控制：可以使用应收受控科目；可以使用应付受控科目。
- 凭证控制：取消"现金流量科目必录现金流量项目"。
- 权限：不允许修改、作废他人填制的凭证；凭证审核控制到操作员。

2. 会计科目

(1) 增加会计科目(如表 3-1 所示)

表 3-1　会计科目表

科目编码	科目名称	辅助账类型
100201	工行存款	日记账 银行账
122101	应收职工借款	个人往来
151102	其他股权投资	
160501	专用材料	项目核算
160502	专用设备	项目核算
160503	预付大型设备款	项目核算
160504	为生产准备的工具及器具	项目核算
190102	待处理固定资产损溢	
222101	应交增值税	
22210101	进项税额	
22210102	销项税额	
22210103	未交增值税	
500101	直接材料	
500102	直接人工	
660201	办公费	部门核算
660202	差旅费	部门核算
660203	工资	部门核算
660204	折旧费	部门核算
660205	福利费	部门核算
660206	其他	

(2) 修改会计科目

- "1121 应收票据"、"1122 应收账款"、"2203 预收账款"科目辅助账类型为"客户往来"(无受控系统)。
- "2201 应付票据"、"2202 应付账款"、"1123 预付账款"科目辅助账类型为"供应商往来"(无受控系统)。
- "1605 工程物资"科目及所属明细科目辅助账类型为"项目核算"。

(3) 指定会计科目

- 指定"1001 库存现金"为现金总账科目。
- 指定"1002 银行存款"为银行总账科目。
- 指定"1001 库存现金"和"100201 银行存款/工行存款"为现金流量科目。

3. 项目目录

项目大类为"自建工程",核算科目为"工程物资"及明细科目,项目内容为 1 号工程和 2 号工程,其中 1 号工程包括"自建厂房"和"设备安装"两项工程。

4. 凭证类别(如表 3-2 所示)

表 3-2　凭证类别

类别名称	限制类型	限制科目
收款凭证	借方必有	1001,1002
付款凭证	贷方必有	1001,1002
转账凭证	凭证必无	1001,1002

5. 结算方式(如表 3-3 所示)

表 3-3　结算方式

结算方式编码	结算方式名称	是否票据管理	对应票据类型
1	现金		
2	现金支票	是	现金支票
3	转账支票	是	转账支票
4	信汇		
5	电汇		

6. 期初余额(如表 3-4 所示)

表 3-4　期初余额情况表

科目名称	期初余额/元	备注
库存现金	8 000	
银行存款/工行存款	222 000	
应收票据	1 170	2015-11-22,大地公司购买乙产品,价税合计 1 170 元,付票据一张,发票号 78989
应收账款	14 540	2015-11-12,天益公司购买甲产品,价税合计 7 020 元,货款未付,发票号 78987 2015-11-18,明兴公司购买甲产品,价税合计 7 020 元,货款未付,发票号 78988 2015-11-22,为明兴公司代垫运费 500 元
预付账款	20 000	2015-11-23,预付北京无忧公司货款 20 000 元
应收职工借款	6 000	2015-12-31,供应部杨明出差借差旅费 6 000 元
原材料	75 332	
库存商品	50 000	
固定资产	1 212 000	

(续表)

科 目 名 称	期初余额/元	备 注
累计折旧	155 124	
短期借款	120 000	
应付票据	25 740	2015-11-23，向大为公司购钢材 25 740 元
应付账款	62 010	2015-11-15，向北京无忧公司购钢材 38 610 元 2015-11-18，向杰信公司购油漆 23 400 元
预收账款	30 000	2015-11-26，预收伟达公司货款 30 000 元
应交税费—应交增值税—进项税额	3 832(借)	
应交税费—应交增值税—销项税额	20 000	
长期借款	200 000	
实收资本	1 000 000	

实验指导

1. 设置系统参数

操作步骤

(1) 在企业应用平台的"业务工作"选项卡中，执行"财务会计"|"总账"命令，打开总账系统。

(2) 在总账系统中，执行"设置"|"选项"命令，打开"选项"对话框。

(3) 单击"编辑"按钮。

(4) 在"凭证"选项卡中选中"可以使用应收受控科目"复选框，系统弹出"受控科目被其他系统使用时，会造成应收系统与总账对账不平"信息提示框，单击"确定"按钮返回。同理选中"可以使用应付受控科目"复选框，取消"现金流量科目必录现金流量项目"选中标记，如图 3-1 所示。

(5) 在"权限"选项卡中选中"凭证审核控制到操作员"复选框，取消选中"允许修改、作废他人填制的凭证"复选框。

(6) 单击"确定"按钮保存并返回。

提示

总账系统的参数设置将决定总账系统的输入控制、处理方式、数据流向、输出格式等，设定后一般不能随意改变。

图 3-1   设置选项

2. 增加会计科目

操作步骤

(1) 在"会计科目"窗口中,单击"增加"按钮,打开"新增会计科目"对话框。

(2) 录入科目编码"100201"、科目名称"工行存款",如图 3-2 所示。

图 3-2   新增会计科目

(3) 单击"确定"按钮。

(4) 同理,依次增加其他的会计科目。

提示

● 由于预置科目"1002"已经被设置为"日记账"及"银行账"，所以新增科目"100201"自动被识别为"日记账"及"银行账"。

● 会计科目编码应符合编码规则。

● 如果科目已经使用，则不能被修改或删除。

● 设置会计科目时应注意会计科目的"账页格式"，一般情况下应为"金额式"，也有可能是"数量金额式"等。如果是数量金额式还应继续设置计量单位，否则仍不能同时进行数量金额的核算。

● 如果新增科目与原有的某一科目相同或类似，则可采用复制的方法。

3. 修改会计科目

操作步骤

(1) 在"会计科目"窗口中，双击"1122 应收账款"，或在选中"1122 应收账款"后单击"修改"按钮，打开"会计科目_修改"对话框。

(2) 单击"修改"按钮，选中"客户往来"复选框，受控系统自动选择"应收系统"，如图 3-3 所示。

图 3-3　修改会计科目

(3) 单击"确定"按钮。

(4) 同理，修改其他科目。

提示

- 科目"受控系统"指该科目只能在受控系统中使用。由于我们在总账选项中设置了"可以使用应收受控科目"、"可以使用应付受控科目",因此在总账中填制凭证时也可以使用应收应付系统的受控科目。如果总账和应收款、应付款系统集成应用,则不应该选择在总账中使用应收应付受控科目的选项。

- 在会计科目使用前一定要先检查系统预置的会计科目是否能够满足需要。如果不能满足需要,则以增加或修改的方式增加新的会计科目及修改已经存在的会计科目;如果系统预置的会计科目有一些是并不需要的,可以采用删除的方法删除。

- 凡是设置有辅助核算内容的会计科目,在填制凭证时都需填制具体的辅助核算内容。

4. 指定会计科目

操作步骤

(1) 在企业应用平台的"基础设置"选项卡中,执行"基础档案"|"财务"|"会计科目"命令,打开"会计科目"窗口。

(2) 执行"编辑"|"指定科目"命令,打开"指定科目"对话框。

(3) 单击">"按钮将"1001 库存现金"从"待选科目"列表选入"已选科目"列表。

(4) 单击选择"银行科目"单选按钮,单击">"按钮将"1002 银行存款"从"待选科目"列表选入"已选科目"列表。

(5) 将"1001 库存现金"和"100201 工行存款"选择为现金流量科目,如图3-4所示。

图 3-4 指定现金流量科目

(6) 单击"确定"按钮。

提示

- 被指定的"现金总账科目"及"银行总账科目"必须是一级会计科目。

- 只有指定了现金及银行总账科目才能进行出纳签字的操作。

● 只有指定了现金及银行总账科目才能查询现金日记账和银行存款日记账。

5. 设置项目目录

新增项目大类

操作步骤

(1) 在企业应用平台的"基础设置"选项卡中，执行"基础档案"|"财务"|"项目目录"命令，打开"项目档案"窗口。

(2) 单击"增加"按钮，打开"项目大类定义_增加"对话框。

(3) 录入新项目大类名称"自建工程"，如图 3-5 所示。

图 3-5　定义项目大类名称

(4) 单击"下一步"按钮，打开"定义项目级次"选项区，如图 3-6 所示。

图 3-6　定义项目级次

(5) 默认系统设置，单击"下一步"按钮，打开"定义项目栏目"选项区，如图 3-7 所示。

图 3-7　定义项目栏目

(6) 在对话框中，单击"完成"按钮，返回"项目档案"窗口。

指定项目核算科目

操作步骤

(1) 单击"项目大类"栏的下三角按钮，选择"自建工程"项目大类。

(2) 单击打开"核算科目"选项卡。

(3) 单击"〉〉"按钮，将在建工程及其下级明细科目从"待选科目"列表中选入"已选科目"列表，如图 3-8 所示。

(4) 单击"确定"按钮确认。

图 3-8　指定项目核算科目

进行项目分类定义

操作步骤

(1) 单击打开"项目分类定义"选项卡。

(2) 录入分类编码"1"、分类名称"1 号工程"，单击"确定"按钮。同理，增加"2 号工程"，并单击"确定"按钮，如图 3-9 所示。

图 3-9　项目分类定义

项目目录维护

操作步骤

(1) 单击打开"项目目录"选项卡，单击"维护"按钮，打开"项目目录维护"窗口。

(2) 单击"增加"按钮，录入项目编号"1"、项目名称"自建厂房"；单击"所属分类码"栏的参照按钮，选择"1 号工程"。同理，增加"设备安装"工程，如图 3-10 所示。

(3) 单击"退出"按钮。

图 3-10　项目目录维护

提示

- 一个项目大类可以指定多个科目，一个科目只能属于一个项目大类。
- 在每年年初应将已结算或不用的项目删除。
- 结算后的项目将不能再使用。

6. 设置凭证类别

操作步骤

(1) 在企业应用平台的"基础设置"选项卡中，执行"基础档案"|"财务"|"凭证类

别"命令,打开"凭证类别预置"对话框。

(2) 选中"收款凭证 付款凭证 转账凭证"单选按钮,如图 3-11 所示。

(3) 单击"确定"按钮,打开"凭证类别"窗口。

(4) 单击"修改"按钮,双击"收款凭证"所在行的"限制类型"栏,出现下三角按钮,从下拉列表中选择"借方必有";在"限制科目"栏录入"1001,1002",或单击"限制科目"栏的参照按钮,分别选择"1001"及"1002"。同理,完成付款凭证和转账凭证的限制设置,如图 3-12 所示。

图 3-11 凭证类别设置

图 3-12 设置凭证类别

(5) 单击"退出"按钮。

提示

● 已使用的凭证类别不能删除,也不能修改类别字。

● 如果收款凭证的限制类型为"借方必有",则在填制凭证时系统要求收款凭证的借方一级科目至少有一个是"1001"或"1002",否则,系统会判断该张凭证不属于收款凭证类别,不允许保存。付款凭证及转账凭证也应满足相应的要求。

● 如果直接录入科目编码,则编码间的标点符号应为英文状态下的标点符号,否则系统会提示科目编码有错误。

7. 设置结算方式

操作步骤

(1) 在企业应用平台的"基础设置"选项卡中,执行"基础档案"|"收付结算"|"结算方式"命令,打开"结算方式"对话框。

(2) 单击"增加"按钮,录入结算方式编码"1",录入结算方式名称"现金",单击"保存"按钮。以此方法继续录入其他的结算方式,如图 3-13 所示。

图 3-13　设置结算方式

(3) 单击"退出"按钮。

提示

- 在总账系统中，结算方式将会在使用"银行账"类科目填制凭证时使用，并可作为银行对账的一个参数。
- 设置了"票据管理"标记的结算方式在填制凭证环节中出现时，系统会对未进行支票登记的票据提示进行登记。

8. 输入期初余额

操作步骤

(1) 在总账系统中，执行"设置"|"期初余额"命令，打开"期初余额录入"窗口。

(2) 白色的单元为末级科目，可以直接输入期初余额。如库存现金 8 000、银行存款——工行存款 222 000、原材料 75 332、库存商品 50 000、固定资产 1 212 000、累计折旧 155 124、短期借款 120 000、应交税费——应交增值税——进项税额 3 832(借)、应交税费——应交增值税——销项税额 20 000、长期借款 200 000、实收资本 1 000 000。

提示

- 进项税额为借方余额，但"期初余额录入"界面中进项税额的余额方向必须与上级科目"应交税费"保持一致，因此需要录入"−3832"表示借方余额。
- 灰色的单元为非末级科目，不允许录入期初余额，待下级科目余额录入完成后自动汇总生成。

(3) 黄色的单元代表对该科目设置了辅助核算，不允许直接录入余额，需要在该单元格中双击进入辅助账期初设置，在辅助账中输入期初数据，完成后自动返回总账期初余额表中。如双击"应收职工借款"所在行"期初余额"栏，打开"辅助期初余额"窗口。

(4) 单击"往来明细"按钮，打开"期初往来明细"对话框。单击"增行"按钮；单击"个人"栏参照按钮，选择"杨明"；在"摘要"栏录入"出差借款"，在"金额"栏录入"6 000"，如图 3-14 所示。

图 3-14　个人期初往来明细

(5) 单击"汇总"按钮，提示"完成了往来明细到辅助期初表的汇总!"，单击"确定"按钮后，再单击"退出"按钮。

(6) 同理，录入其他带辅助核算的科目余额。

(7) 单击"试算"按钮，系统进行试算平衡。试算结果如图 3-15 所示。

图 3-15　期初试算平衡表

(8) 单击"确定"按钮。

提示

● 只需输入末级科目的余额，非末级科目的余额由系统自动计算生成。

● 如果要修改余额的方向，可以在未录入余额的情况下，单击"方向"按钮改变余额的方向。

● 总账科目与其下级科目的方向必须一致。如果所录入明细余额的方向与总账余额方向相反，则用"-"号表示。

● 如果录入余额的科目有辅助核算的内容，则在录入余额时必须录入辅助核算的明细内容，而修改时也应修改明细内容。

● 如果某一科目有数量(外币)核算的要求，录入余额时还应输入该余额的数量(外币)。

● 如果年中某月开始建账,需要输入启用月份的月初余额及年初到该月的借贷方累计发生额(年初余额由系统根据月初余额及借贷方累计发生额自动计算生成)。

- 系统只能对月初余额的平衡关系进行试算，而不能对年初余额进行试算。

- 如果期初余额不平衡，可以填制凭证但是不允许记账。

- 凭证记账后，期初余额变为只读状态，不能再修改。

9. 账套备份

操作步骤

在"D:\300 账套备份"文件夹中新建"(3-1)总账初始化"文件夹，将账套输出至"(3-1)总账初始化"文件夹中。

实验二　总账系统日常业务处理

实验准备

引入"D:\300 账套备份\(3-1)总账初始化"的账套备份数据，或引入光盘中的"实验账套\(3-1)总账初始化"的账套备份数据。将系统日期修改为"2016 年 1 月 31 日"。

实验要求

- 设置常用摘要
- 以"002 王东"的身份填制第 1~4 笔业务的记账凭证
- 审核凭证
- 出纳签字
- 修改第 2 号付款凭证的金额为 800 元
- 删除第 1 号收款凭证并整理断号
- 设置常用凭证
- 记账
- 查询已记账的第 1 号转账凭证
- 冲销已记账的第 1 号付款凭证
- 查询"6602 管理费用"三栏式总账，并联查明细账及第 2 号付款凭证
- 查询余额表并联查专项资料
- 查询"6602 管理费用"明细账
- 定义并查询"应交增值税"多栏账
- 查询客户往来明细账
- 查询部门总账
- 账套备份

实验资料

1. 常用摘要(如表 3-5 所示)

表 3-5　常 用 摘 要

摘 要 编 码	摘 要 内 容
1	购买包装物
2	报销办公费
3	计提折旧费

2．2016 年 1 月发生的经济业务

(1) 1 月 8 日，以现金支付购买包装箱货款 600 元。

借：周转材料　　　　　　　　　　　　　600

　　贷：库存现金　　　　　　　　　　　　600

(2) 1 月 8 日，以工行存款 500 元支付财务部办公费。

借：管理费用——办公费(财务部)　　　　500

　　贷：银行存款——工行存款(转账支票 3356)　500

(3) 1 月 12 日，销售给光华公司库存商品一批，货税款 93 600 元(货款 80 000 元，税款 13 600 元)尚未收到。

借：应收账款(光华公司)　　　　　　　93 600

　　贷：主营业务收入　　　　　　　　　80 000

　　　　应交税费——应交增值税——销项税额　13 600

(4) 1 月 22 日，收到杨明偿还借款 1 000 元。

借：库存现金　　　　　　　　　　　　1 000

　　贷：其他应收款——杨明　　　　　　1 000

3. 常用凭证

摘要：从工行提现金；凭证类别：付款凭证；科目编码：1001 和 100201。

实验指导

1. 设置常用摘要

操作步骤

(1) 以"001 周健"身份登录，在企业应用平台的"基础设置"选项卡中，执行"基础档案"|"其他"|"常用摘要"命令，打开"常用摘要"对话框。

(2) 单击"增加"按钮，按实验资料录入常用摘要，如图 3-16 所示。

图 3-16　设置常用摘要

提示

● 设置常用摘要后可以在填制凭证时调用。

● 常用摘要中的"相关科目"是指使用该摘要时通常使用的相关科目。如果设置相关科目，则在调用该常用摘要时系统会将相关科目一并列出，可以进行修改。

2. 填制第 1 笔业务的记账凭证

操作步骤

(1) 在企业应用平台中，单击"重注册"，以"002"号操作员身份进入企业应用平台。

(2) 在"业务工作"选项卡中，执行"财务会计"|"总账"|"凭证"|"填制凭证"命令，打开"填制凭证"窗口。

(3) 单击"增加"按钮或者按 F5 键。

(4) 单击凭证类别的参照按钮，选择"付款凭证"。

(5) 修改凭证日期为"2016.01.08"。

(6) 在"摘要"栏录入"1"(即调用第 1 号常用摘要)，或者直接录入摘要。

(7) 按"Enter"键，或用鼠标单击"科目名称"栏；单击"科目名称"栏的参照按钮(或按 F2 键)，选择"资产"类科目"1411 周转材料"，或者直接在科目名称栏输入"1411"。

(8) 按"Enter"键，或用鼠标单击"借方金额"栏，录入借方金额"600"。

(9) 按"Enter"键(复制上一行的摘要)，再按回车键，或用鼠标单击"科目名称"栏(第二行)；单击"科目名称"栏的参照按钮(或按 F2 键)，选择"资产"类科目"1001 现金"，或者直接在科目名称栏输入"1001"。

(10) 按"Enter"键，或用鼠标单击"贷方金额"栏，录入贷方金额"600"，或直接按"="键，如图 3-17 所示。

图 3-17　第 1 笔业务记账凭证的填制

(11) 单击"保存"按钮，系统弹出"凭证已成功保存!"信息提示框，单击"确定"按钮返回。

提示

● 检查当前操作员，如果当前操作员不是"王东"，则应以重注册的方式更换操作员为"王东"。

● 凭证上的"附单据数"是指该记账凭证后面需要附的原始单据数量，根据实际情况填写。

● 凭证填制完成后，可以单击"保存"按钮保存凭证，也可以单击"增加"按钮保存并增加下一张凭证。

● 凭证填制完成后，在未审核前可以直接修改。

● 如果凭证的金额录错了方向，可以直接按空格键改变余额方向。

● 凭证日期应满足总账选项中的设置，如果默认系统的选项，则不允许凭证日期逆序。

3. 填制第 2 笔业务的记账凭证

操作步骤

(1) 在"填制凭证"窗口中，单击"增加"按钮或者按 F5 键。

(2) 参照以上操作录入表头各项信息。

(3) 调用常用摘要"2"，用鼠标单击"科目名称"栏，再单击"科目名称"栏的参照按钮(或按 F2 键)，选择"损益"类科目"660201 管理费用/办公费"，或者直接在"科目名称"栏输入"660201"。

(4) 按"Enter"键，出现"辅助项"对话框，单击"部门"栏参照按钮，选择"财务部"，或直接录入财务部的编码"2"，如图 3-18 所示。单击"确定"按钮，录入借方金额"500"。

图 3-18 带部门辅助核算科目记账凭证的填制

(5) 按"Enter"键(复制上一行的摘要),再按"Enter"键,或单击"科目名称"栏(第二行);单击"科目名称"栏的参照按钮(或按 F2 键),选择"资产"类科目"100201 工行存款",或者直接在"科目名称"栏输入"100201"。再按"Enter"键,打开"辅助项"对话框;单击"结算方式"参照按钮,选择"转账支票",或输入结算方式编码"3";输入支票号"3356",如图 3-19 所示。

图 3-19 带银行账辅助核算科目记账凭证的填制

(6) 单击"确定"按钮,录入贷方金额"500",或直接按"="键。

(7) 单击"保存"按钮保存凭证。

(8) 以此方法,分别录入第 3 笔业务的转账凭证和第 4 笔业务的收款凭证的内容。

提示

● 在填制凭证时如果使用含有辅助核算内容的会计科目,则应选择相应的辅助核算内容,否则将不能查询到辅助核算的相关资料。

● "="键意为取借贷方差额到当前光标位置。每张凭证只能使用一次。

● 如果在设置凭证类别时已经设置了不同种类凭证的限制类型及限制科目,则在填制凭证时假如凭证类别选择错误，在进入新的状态时系统会提示凭证不能满足的条件，并且凭证不能保存。

4. 审核凭证

操作步骤

(1) 重新注册，更换操作员为"001 周健"。

(2) 执行"凭证"|"审核凭证"命令，打开"凭证审核"对话框。

(3) 单击"确定"按钮，打开"凭证审核"列表窗口。

(4) 单击"确定"按钮，打开待审核的第 1 号"收款凭证"。

(5) 单击"审核"按钮(第 1 号收款凭证审核完成后，系统自动翻页到第 2 张待审核的凭证)，再单击"审核"按钮，直到将所填制的 4 张凭证全部审核签字为止。

(6) 单击"退出"按钮退出。

提示

● 系统要求制单人和审核人不能是同一个人，因此在审核凭证前一定要首先检查当前操作员是否就是制单人，如果是，则应更换操作员。

● 凭证审核的操作权限应首先在"系统管理"的权限中进行赋权；其次还要注意在总账系统的选项中是否设置了"凭证审核控制到操作员"的选项，如果设置了该选项，则应继续设置审核的明细权限，即"数据权限"中的"用户"权限。只有在"数据权限"中设置了某用户有权审核其他某一用户所填制凭证的权限，该用户才真正拥有了审核凭证的权限。

● 在"凭证审核"功能中除了可以分别对单张凭证进行审核外，还可以执行"成批审核"功能，对符合条件的待审核凭证进行成批审核。

● 在审核凭证的功能中可以对有错误的凭证进行"标错"处理，还可以"取消"审核。

● 已审核的凭证将不能直接修改，只能在取消审核后才能在填制凭证的功能中进行修改。

5. 出纳签字

操作步骤

(1) 重新注册，更换操作员为"张平"。

(2) 执行"凭证"|"出纳签字"命令，打开"出纳签字"对话框。

(3) 单击"确定"按钮，打开"出纳签字"列表窗口。

(4) 单击"确定"按钮，打开待签字的第 1 号"收款凭证"。

(5) 单击"签字"按钮，单击"下张"按钮，再单击"签字"按钮，直到将已经填制的所有收付凭证进行出纳签字。

(6) 单击"退出"按钮退出。

提示

● 出纳签字的操作既可以在"凭证审核"后进行，又可以在"凭证审核"前进行。

● 进行出纳签字的操作员应已在系统管理中赋予了出纳的权限。

● 要进行出纳签字的操作应满足以下 3 个条件：首先，在总账系统的"选项"中已经设置了"出纳凭证必须经由出纳签字"；其次，已经在会计科目中进行了"指定科目"的操作；最后，凭证中所使用的会计科目是已经在总账系统中设置为"日记账"辅助核算内容的会计科目。

● 如果发现已经进行了出纳签字的凭证有错误，应在取消出纳签字后再在"填制凭证"功能中进行修改。

6. 修改第 2 号付款凭证

操作步骤

(1) 由操作员"003 张平"执行"凭证"|"出纳签字"命令，打开"出纳签字"对话框。

(2) 单击"凭证类别"栏的下三角按钮，选择"付 付款凭证"。

(3) 单击选中"月份"单选按钮，在"凭证号"栏输入"2"，如图 3-20 所示。

图 3-20　出纳签字

(4) 单击"确定"按钮，打开"出纳签字"列表窗口。

(5) 单击"确定"按钮，进入第 2 号付款凭证窗口。

(6) 单击"取消签字"按钮，取消出纳签字，再单击"退出"按钮。

(7) 重新注册，更换操作员为"001 周健"。

(8) 执行"凭证"|"凭证审核"命令，打开"审核凭证"列表窗口。

(9) 同以上操作，找到并进入第 2 号付款凭证窗口。

(10) 单击"取消"按钮，取消审核签字。单击"退出"按钮。

(11) 重新注册，更换操作员为"002 王东"。

(12) 执行"凭证"|"填制凭证"命令，打开"填制凭证"窗口。

(13) 单击"上张"、"下张"按钮，找到第 2 张付款凭证。

(14) 在第 2 张付款凭证中，将借贷方金额均修改为"800"，单击"保存"按钮。

(15) 再更换操作员，由"001 周健"对第 2 号付款凭证进行审核，并由"003 张平"对第 2 号付款凭证进行出纳签字。

提示

- 未审核的凭证可以直接修改，但是凭证类别不能修改。
- 已进行出纳签字而未审核的凭证如果发现有错误，可以由原出纳签字的操作员在"出纳签字"功能中取消出纳签字后，再由原制单人在"填制凭证"功能中修改凭证。
- 如果在总账系统的选项中选中"允许修改、作废他人填制的凭证"，则在"填制凭证"功能中可以由非原制单人修改或作废他人填制的凭证，被修改凭证的制单人将被修改为现在修改凭证的人。
- 如果在总账系统的选项中没有选中"允许修改、作废他人填制的凭证"，则只能由原制单人在"填制凭证"功能中修改或作废凭证。
- 已审核的凭证如果发现有错误，应由原审核人在"审核凭证"功能中取消审核签字后，再由原制单人在"填制凭证"功能中修改凭证。
- 被修改的凭证应在保存后退出。
- 凭证的辅助项内容如果有错误，可以在单击含有错误辅助项的会计科目后，将鼠标移到错误的辅助项所在位置，当出现"笔头状光标"时双击此处，弹出辅助项录入窗口，直接修改辅助项的内容，或者按 Ctrl+S 键调出辅助项录入窗口后再进行修改。

7. 删除第 1 号收款凭证

操作步骤

(1) 由操作员"周健"取消对该凭证的审核。

(2) 由操作员"张平"取消对该凭证的出纳签字。

(3) 由操作员"王东"执行"凭证"|"填制凭证"命令，打开"填制凭证"窗口。

(4) 单击"上张"、"下张"按钮，找到第 1 张收款凭证。

(5) 执行"制单"|"作废/恢复"命令，将该张凭证打上"作废"标志，如图 3-21 所示。

图 3-21　作废凭证

(6) 执行"制单"|"整理凭证"命令，选择凭证期间为"2016.01"，单击"确定"按钮，打开"作废凭证表"对话框。

(7) 双击"作废凭证表"对话框中的"删除"栏，如图 3-22 所示。

图 3-22　作废凭证表

(8) 单击"确定"按钮，系统弹出"是否还需整理凭证断号"信息提示框，并提供 3 种断号整理方式："按凭证号重排"、"按凭证日期重排"、"按审核日期重排"。

(9) 选择"按凭证号重排"，单击"是"按钮，系统完成对凭证号的重新整理。

提示

● 未审核的凭证可以直接删除，已审核或已进行出纳签字的凭证不能直接删除，必须在取消审核及取消出纳签字后再删除。

● 若要删除凭证，必须先进行"作废"操作，而后再进行整理。如果在总账系统的选项中选中"自动填补凭证断号"及"系统编号"，那么在对作废凭证进行整理时，若选择不整理断号，则再填制凭证时可以由系统自动填补断号；否则，将会出现凭证断号。

● 对于作废凭证，可以单击"作废/恢复"按钮，以取消"作废"标志。

● 作废凭证不能修改、不能审核，但应参与记账。

● 只能对未记账凭证进行凭证整理。

● 账簿查询时查不到作废凭证的数据。

8. 设置常用凭证

操作步骤

(1) 执行"凭证"|"常用凭证"命令，打开"常用凭证"对话框。

(2) 单击"增加"按钮。

(3) 录入编码"1"，录入说明"从工行提现金"；单击"凭证类别"栏的下三角按钮，选择"付款凭证"。

(4) 单击"详细"按钮，打开"常用凭证—付款凭证"对话框。

(5) 单击"增加"按钮，录入科目编码"1001"；再单击"增加"按钮，在第 2 行"科目编码"栏录入"100201"，如图 3-23 所示。

(6) 单击"退出"按钮退出。

图 3-23 "常用凭证—付款凭证"对话框

提示

- 在填制凭证时可以执行"制单"|"调用常用凭证"命令，调用事先定义的常用凭证，或在"填制凭证"功能中按 F4 键调用常用凭证。
- 调用的常用凭证可以修改。

9. 记账

操作步骤

(1) 由操作员"001 周健"执行"凭证"|"记账"命令，打开"记账—选择本次记账范围"对话框。选择"2016.01 月份凭证"，记账范围为"全选"。

(2) 单击"记账"按钮，打开"期初试算平衡表"窗口。

(3) 单击"确定"按钮，系统自动进行记账，记账完成后，系统弹出"记账完毕!"信息提示框，如图 3-24 所示。

图 3-24 记账完毕

(4) 单击"确定"按钮。

提示

- 如果期初余额试算不平衡就不允许记账；如果有未审核的凭证就不允许记账；上月未结账本月不能记账。
- 如果不输入记账范围，系统默认为所有凭证。
- 记账后不能整理断号。
- 已记账的凭证不能在"填制凭证"功能中进行查询。

10. 查询第 1 号转账凭证

操作步骤

(1) 执行"凭证"|"查询凭证"命令，打开"凭证查询"对话框。

(2) 选择凭证类别为"转 转账凭证"，在"凭证号"栏录入"1"，如图 3-25 所示。

图 3-25　凭证查询

(3) 单击"确定"按钮，打开"查询凭证"列表窗口。

(4) 单击"确定"按钮，打开第 1 号转账凭证。

(5) 单击"退出"按钮。

提示

- 在"查询凭证"功能中既可以查询已记账凭证，又可以查询未记账凭证。而在"填制凭证"功能中只能查询到未记账凭证。
- 通过设置查询条件还可以查询作废凭证、有错凭证、某制单人填制的凭证、其他子系统传递过来的凭证，以及一定日期区间、一定凭证号区间的记账凭证。
- 已记账凭证除了可以在查询凭证功能中进行查询外，还可以在查询账簿资料时，以联查的方式进行查询。
- 在"凭证查询"对话框中，单击"辅助条件"按钮，可以设定更多的查询条件。

11. 冲销记账凭证

操作步骤

(1) 以"002 王东"的身份执行"凭证"|"填制凭证"命令，打开"填制凭证"窗口。

(2) 执行"制单"|"冲销凭证"命令，打开"冲销凭证"对话框。

(3) 单击"凭证类别"栏的下三角按钮，选择"付 付款凭证"，在"凭证号"栏录入"1"，如图 3-26 所示。

图 3-26　冲销凭证

(4) 单击"确定"按钮，出现的窗口如图 3-27 所示。

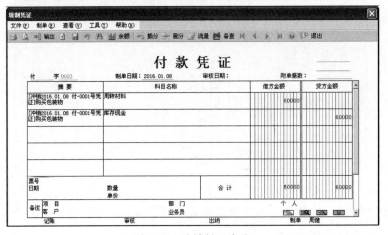

图 3-27　冲销凭证生成

(5) 单击"退出"按钮。

提示

● 冲销凭证是针对已记账凭证由系统自动生成的一张红字冲销凭证。

● 冲销凭证相当于填制了一张凭证，不需保存，只要进入新的状态就由系统将冲销凭证自动保存。

● 已冲销凭证仍需审核、出纳签字后记账。

12. 账簿查询

查询"6602 管理费用"总账

操作步骤

(1) 在总账系统中，执行"账表"|"科目账"|"总账"命令，打开"总账查询条件"

对话框。

(2) 直接录入或选择科目编码"6602",单击"确定"按钮,打开"管理费用总账"窗口,如图 3-28 所示。

图 3-28　"管理费用总账"窗口

(3) 单击选中"当前合计"栏,单击"明细"按钮,打开"管理费用明细账"窗口,如图 3-29 所示。

图 3-29　"管理费用明细账"窗口

(4) 单击选中"付-0002"所在行,单击"凭证"按钮,打开第 2 号付款凭证。

(5) 单击"退出"按钮退出。

提示

- 在总账查询功能中,可以查询到三栏式总账的年初余额、各月发生额合计和月末余额,也可以查询到二至五级明细科目的年初余额、各月发生额合计和月末余额,还可以查询到明细账中每项明细资料对应的记账凭证。
- 在查询总账时可以在总账条件查询中,通过录入科目范围查询一定科目范围内的总账。
- 在总账查询功能中可以查询"包含未记账凭证"的总账。
- 在明细账窗口中,单击"摘要"按钮可以设置"摘要选项"。
- 在明细账窗口中,单击"过滤"按钮可以录入"明细账过滤条件"。

查询余额表

操作步骤

(1) 在总账系统中,执行"账表"|"科目账"|"余额表"命令,打开"发生额及余额

查询条件"对话框。

(2) 单击"确定"按钮，打开"发生额及余额表"窗口，如图 3-30 所示。

发生额及余额表

金额式

月份：2016.01-2016.01

科目编码	科目名称	期初余额		本期发生		期末余额	
		借方	贷方	借方	贷方	借方	贷方
1001	库存现金	8,000.00			600.00	7,400.00	
1002	银行存款	222,000.00			800.00	221,200.00	
1121	应收票据	1,170.00				1,170.00	
1122	应收账款	14,540.00		93,600.00		108,140.00	
1123	预付账款	20,000.00				20,000.00	
1221	其他应收款	6,000.00				6,000.00	
1403	原材料	75,332.00				75,332.00	
1405	库存商品	50,000.00				50,000.00	
1411	周转材料			600.00		600.00	
1601	固定资产	1,212,000.00				1,212,000.00	
1602	累计折旧		155,124.00				155,124.00
资产小计		1,609,042.00	155,124.00	94,200.00	1,400.00	1,701,842.00	155,124.00
2001	短期借款		120,000.00				120,000.00
2201	应付票据		25,740.00				25,740.00
2202	应付账款		62,010.00				62,010.00
2203	预收账款		30,000.00				30,000.00
2221	应交税费		16,168.00		13,600.00		29,768.00
2501	长期借款		200,000.00				200,000.00
负债小计			453,918.00		13,600.00		467,518.00
4001	实收资本		1,000,000.00				1,000,000.00
权益小计			1,000,000.00				1,000,000.00
6001	主营业务收入				80,000.00		80,000.00
6602	管理费用			800.00		800.00	
损益小计				800.00	80,000.00	800.00	80,000.00

图 3-30　发生额及余额表

(3) 将光标定位在"1122 应收账款"，单击"专项"按钮，打开余额表中的专项资料，如图 3-31 所示。

消息中心 | 发生额及余额表 | **客户科目余额表**

科目余额表

金额式

科目 1122 应收账款

月份：2016.01-2016.01

科目		客户		方向	期初余额	借方	贷方	方向	期末余额
编码	名称	编号	名称		本币	本币	本币		本币
1122	应收账款	01	天益公司	借	7,020.00			借	7,020.00
1122	应收账款	04	明兴公司	借	7,520.00			借	7,520.00
1122	应收账款	07	光华公司	平		93,600.00		借	93,600.00
合计:				借	14,540.00	93,600.00		借	108,140.00

图 3-31　科目余额表

(4) 单击"退出"按钮退出。

提示

● 在余额表查询功能中，可以查询各级科目的本月期初余额、本期发生额及期末余额。

● 在发生额及余额表中，单击"累计"按钮，可以查询到累计借贷方发生额。

- 在发生额及余额表中，单击"专项"按钮，可以查询到带有辅助核算内容的辅助资料。
- 可以查询某个余额查询范围内的余额情况。
- 可以查询到包含未记账凭证在内的最新发生额及余额。

查询"6602 管理费用"明细账

操作步骤

(1) 执行"账表"|"科目账"|"明细账"命令，打开"明细账查询条件"对话框。

(2) 直接录入或选择科目编码"6602"，单击"确定"按钮，打开"管理费用明细账"窗口。

(3) 单击"退出"按钮退出。

提示

- 在明细账查询功能中，可以查询一定科目范围内的明细账。
- 可以查询月份综合明细账。
- 可以查询到包含未记账凭证在内的明细账。
- 可以按"对方科目展开"方式查询明细账。
- 在明细账中可以联查到总账及相应的记账凭证。
- 如果在总账系统的"选项"中，选择了"明细账查询权限控制到科目"，则必须在"基础设置"的"数据权限"中设置相应的数据权限。如果某操作员不具备查询某科目明细账的权限，则在明细账查询功能中就看不到无权查询的科目明细账的内容。

定义并查询"应交增值税"多栏账

操作步骤

(1) 在总账系统中，执行"账表"|"科目账"|"多栏账"命令，打开"多栏账"窗口。

(2) 单击"增加"按钮，打开"多栏账定义"对话框。

(3) 单击"核算科目"栏的下三角按钮，选择"2221 应交税费"；单击"自动编制"按钮，出现栏目定义的内容，如图 3-32 所示。

图 3-32　多栏账定义

(4) 单击"确定"按钮，完成应交税费多栏账的设置。

(5) 单击"查询"按钮，打开"多栏账查询"对话框。单击"确定"按钮，显示应交税费多栏账。

提示

● 在总账系统中，普通多栏账由系统将要分析科目的下级科目自动生成"多栏账"。

● 可以自定义多栏账的栏目内容，也可以对栏目的分析方向、分析内容、输出内容进行定义，还可以定义多栏账格式。

● 自定义多栏账可以根据实际管理的需要将不同的科目及不同级次的科目形成新的多栏账，以满足多科目的综合管理。

查询客户往来明细账中的客户科目明细账

操作步骤

(1) 在总账系统中，执行"账表"|"客户往来辅助账"|"客户往来明细账"|"客户科目明细账"命令，打开"客户科目明细账"查询条件对话框。

(2) 单击"确定"按钮，打开"科目明细账"，如图 3-33 所示。

科目明细账

金额式

科目 全部 月份: 2016.01-2016.01

2016年		凭证号	科目		客户		摘要	借方	贷方	方向	余额
月	日		编号	名称	编号	名称		本币	本币		本币
			1121	应收票据	02	大地公司	上年结转			借	1,170.00
			1122	应收账款	01	天益公司	上年结转			借	7,020.00
			1122	应收账款	04	明兴公司	上年结转			借	7,520.00
01	12	转-0001	1122	应收账款	07	光华公司	销售产品_2016.01.12_韩乐乐	93,600.00		借	93,600.00
			1122	应收账款	07	光华公司	小计	93,600.00		借	93,600.00
			2203	预收账款	06	伟达公司	上年结转			贷	30,000.00
							合计：	93,600.00		借	79,310.00

图 3-33 科目明细账

(3) 单击"退出"按钮退出。

(4) 可以进行客户往来余额、客户往来催款单、客户往来账龄分析等查询。

提示

● 在"客户科目明细账"功能中，可以查询所有辅助核算内容为"客户往来"的科目明细账。

● 可以查询各客户、各月份的客户科目明细账。

● 可以查询包含未记账凭证的客户科目明细账。

● 在科目明细账中，可以联查到总账及凭证的内容，还可以进行摘要内容的设置。

● 客户往来辅助账的查询方式较多，可以根据不同需要在不同的查询功能中查找到有用的数据。

查询部门科目总账

操作步骤

(1) 在总账系统中，执行"账表"|"部门辅助账"|"部门总账"|"部门科目总账"命令，打开"部门科目总账条件"对话框。

(2) 单击"确定"按钮，打开"部门总账"。

(3) 单击"退出"按钮退出。

提示

● 在部门科目总账查询功能中，可以按科目、按部门、按科目和部门查询部门科目总账。

● 可以查询不同月份范围的部门科目总账。

● 可以查询包含未记账凭证内容的部门科目总账。

● 在部门科目总账中，可以单击"累计"按钮查询包含累计借贷方发生额的部门总账，单击"明细"按钮查询部门明细账的资料。

13. 账套备份

在"D:\300 账套备份"文件夹中新建"(3-2)总账日常业务"文件夹，将账套输出至"(3-2)总账日常业务"文件夹中。

实验三　出纳管理

实验准备

引入"D:\300 账套备份\(3-2)总账日常业务"的账套备份数据，或引入光盘中的"实验账套\(3-2)总账日常业务"。将系统日期修改为"2016 年 1 月 31 日"，以出纳"张平"的身份注册进入总账系统。

实验要求

● 查询日记账

● 查询资金日报表

● 支票登记簿

● 银行对账

● 账套备份

实验资料

1. 转账支票

1 月 22 日，销售一科刘红领用转账支票(NO.9988)支付办公费，限额 500 元。

2. 银行对账期初数据

企业日记账余额为 222 000 元，银行对账单期初余额为 220 000 元，有企业已收而银行未收的未达账(2015 年 12 月 20 日，转账支票，票号 7788) 2 000 元。

3. 2016 年 1 月银行对账单(如表 3-6 所示)

表 3-6　银行对账单

日　　期	结 算 方 式	票　　号	借方金额/元	贷方金额/元	余额/元
2016.01.08	转账支票	3356		800	219 200
2016.01.22	转账支票	5689	500		219 700

实验指导

1. 查询现金日记账

操作步骤

(1) 执行"出纳"|"现金日记账"命令，打开"现金日记账查询条件"对话框。

(2) 单击"确定"按钮，打开"现金日记账"窗口，如图 3-34 所示。

图 3-34　现金日记账

(3) 单击"退出"按钮退出。

提示

● 只有在"会计科目"功能中使用"指定科目"功能指定"现金总账科目"及"银行

总账科目",才能查询"现金日记账"及"银行存款日记账"。

- 既可以按日查询,又可以按月查询现金及银行存款日记账。
- 查询日记账时还可以查询包含未记账凭证。
- 在已打开的日记账窗口中还可以通过单击"过滤"按钮,输入过滤条件来快速查询日记账的具体内容。
- 在已打开的日记账窗口中还可以通过单击"凭证"按钮,查询该条记录所对应的记账凭证。

2. 查询 1 月 8 日的资金日报表

操作步骤

(1) 执行"出纳"|"资金日报"命令,打开"资金日报表查询条件"对话框。

(2) 选择日期"2016.01.08",单击"确定"按钮,打开"资金日报表"窗口,如图 3-35 所示。

资金日报表

日期:2016.01.08

科目编码	科目名称	币种	今日共借	今日共贷	方向	今日余额	借方笔数
1001	库存现金			600.00	借	7,400.00	
1002	银行存款			800.00	借	221,200.00	
合计				1,400.00	借	228,600.00	

图 3-35 资金日报表

(3) 单击"退出"按钮退出。

提示

- 使用"资金日报"功能可以查询现金、银行存款科目某日的发生额及余额情况。
- 查询资金日报表时可以查询包含未记账凭证的资金日报表。
- 如果在"资金日报表查询条件"对话框中选中"有余额无发生额也显示",那么即使现金或银行科目在查询日没有发生业务只有余额,也显示。

3. 登记支票登记簿

操作步骤

(1) 执行"出纳"|"支票登记簿"命令,打开"银行科目选择"对话框。

(2) 单击"确定"按钮,打开"支票登记簿"窗口。

(3) 单击"增加"按钮,录入或选择领用日期"2016.01.22",领用部门"销售一科",

领用人"刘红",支票号"9988",预计金额"500"及用途"办公费",如图 3-36 所示。

图 3-36 支票登记簿

(4) 单击"保存"按钮,再单击"退出"按钮。

提示

- 只有在总账系统的初始设置选项中已选择"支票控制",并在结算方式设置中已设置"票据结算"标志,在"会计科目"中已指定银行账的科目,才能使用支票登记簿。
- 针对不同的银行账户分别登记支票登记簿。
- 支票登记簿中报销日期为空时,表示该支票未报销,否则系统认为该支票已报销。
- 当支票支出后,在填制凭证时输入该支票的结算方式和结算号,则系统会自动在支票登记簿中将该号支票写上报销日期,该支票即为已报销。
- 单击"批删"按钮,输入需要删除已报销支票的起止日期,即可删除此期间的已报销支票。
- 单击"过滤"按钮后,即可对支票按领用人或者部门进行各种统计。

4. 录入银行对账期初数据

操作步骤

(1) 执行"出纳"|"银行对账"|"银行对账期初录入"命令,打开"银行科目选择"对话框。

(2) 选择"100201 工行存款",单击"确定"按钮,打开"银行对账期初"对话框。

(3) 在单位日记账的"调整前余额"栏录入"222 000",在银行对账单的"调整前余额"栏录入"220 000",如图 3-37 所示。

(4) 单击"日记账期初未达项"按钮,打开"企业方期初"窗口。

(5) 单击"增加"按钮,录入或选择凭证日期"2015-12-20",结算方式"转账支票",票号"7788",在"借方金额"栏录入"2 000",摘要"期初未达账",如图 3-38 所示。

(6) 单击"保存"按钮,再单击"退出"按钮,返回"银行对账期初"对话框。

(7) 单击"退出"按钮。

图 3-37　银行对账期初

图 3-38　企业方期初

提示

- 在第一次使用"银行对账"功能时，应录入单位日记账及银行对账单的期初数据，包括期初余额及期初未达账项。

- 系统默认银行对账单余额方向为借方，即银行对账单中借方发生额为银行存款增加，贷方发生额为银行存款减少。单击"方向"按钮可以调整银行对账单余额方向，如果把余额方向调整为贷方，则银行对账单中借方发生额为银行存款减少，而贷方发生额为银行存款增加。

- 系统会根据调整前余额及期初未达项自动计算出银行对账单与单位日记账的调整后余额。

5. 录入银行对账单

操作步骤

(1) 执行"出纳"|"银行对账"|"银行对账单"命令，打开"银行科目选择"对话框。

(2) 单击"确定"按钮，打开"银行对账单"窗口。

(3) 单击"增加"按钮。

(4) 录入或选择日期"2016.01.08"，选择结算方式"转账支票"，录入票号"3356"，录入贷方金额"800"，按"Enter"键，再录入或选择日期"2016.01.22"，选择结算方式"转账支票"，录入票号"5689"，录入借方金额"500"，如图 3-39 所示。

(5) 单击"保存"按钮，再单击"退出"按钮。

银行对账单

科目：工行存款(100201)　　　　　　　　　　　对账单账面余额：219,700.00

日期	结算方式	票号	借方金额	贷方金额	余额
2016.01.08	3	3356		800.00	219,200.00
2016.01.22	3	5689	500.00		219,700.00

□ 已勾对　　□ 未勾对

图 3-39　银行对账单

提示

- 如果企业在多家银行开户,对账单应与其对应账号所对应的银行存款下的末级科目一致。
- 录入银行对账单时,其余额由系统根据银行对账期初自动计算生成。

6. 银行对账

操作步骤

(1) 执行"出纳"|"银行对账"|"银行对账"命令,打开"银行科目选择"对话框。

(2) 单击"确定"按钮,打开"银行对账"窗口,如图3-40所示。

图 3-40　银行对账

(3) 单击"对账"按钮,打开"自动对账"对话框,如图3-41所示。

图 3-41　"自动对账"对话框

(4) 在"自动对账"对话框中,单击"确定"按钮。

(5) 单击"对账"按钮,出现对账结果,如图3-42所示。

图 3-42　银行对账结果

(6) 单击"退出"按钮退出。

提示

● 如果在银行对账期初默认银行对账单方向为借方，则对账条件为方向相同、金额相同的日记账与对账单进行勾对。如果在银行对账期初将银行对账单的余额方向修改成了贷方，则对账条件为方向相反、金额相同的日记账与对账单进行勾对。

● 银行对账包括自动对账和手工对账两种形式。自动对账是系统根据对账依据自动进行核对、勾销，自动对账两清的标志为"○"。手工对账是对自动对账的一种补充，手工对账两清的标志为"Y"。

● 系统默认的自动对账的对账条件为"日期相差 12 天"、"结算方式相同"、"结算票号相同"，单击每一项对账条件前的复选框可以取消相应的对账条件，即在对账时不考虑相应的对账条件。

● 在自动对账后如果发现一些应勾对而未勾对上的账项，可以分别双击"两清"栏，直接进行手工调整。

● 如果在对账单中有两笔以上记录同日记账对应，则所有对应的对账单都应标上两清标记。

● 如果想取消对账可以采用自动取消和手工取消两种方式。单击"取消"按钮可以自动取消所有的两清标记；如果手工取消，则可以双击要取消对账标志业务的"两清"栏，取消两清标记。

7. 输出余额调节表

操作步骤

(1) 执行"出纳"|"银行对账"|"余额调节表查询"命令，进入"银行存款余额调节表"窗口。

(2) 单击"查看"按钮,打开"银行存款余额调节表"对话框。

(3) 单击"详细"按钮,打开"余额调节表(详细)"窗口。

(4) 单击"退出"按钮。

提示

- 银行存款余额调节表应显示账面余额平衡,如果不平衡应分别查看银行对账期初、银行对账单及银行对账是否正确。

- 在银行对账之后可以查询对账勾对情况,如果确认银行对账结果是正确的,可以使用"核销银行账"功能核销已达账。

8. 账套备份

在"D:\300 账套备份"文件夹中新建"(3-3)出纳管理"文件夹,将账套输出至"(3-3)出纳管理"文件夹中。

实验四 总账期末业务处理

实验准备

引入已完成的"D:\300 账套备份\(3-3)出纳管理"账套备份数据,或引入光盘中的"实验账套\(3-3)出纳管理"。将系统日期修改为"2016 年 1 月 31 日",以王东的身份注册进入总账系统。

实验要求

- 定义转账分录
- 生成机制凭证
- 对账
- 结账
- 账套备份

实验资料

1. 自定义结转

按短期借款期末余额的 0.2%计提短期借款利息。

2. 对应结转

将"应交税费——应交增值税——销项税额"贷方发生额转入"应交税费——应交增值税——未交增值税"。

3. 期间损益结转

将本月"期间损益"转入"本年利润"。

实验指导

1. 设置自定义结转凭证

操作步骤

(1) 以"王东"注册进入总账系统,执行"财务会计"|"总账"|"期末"|"转账定义"|"自定义转账"命令,打开"自定义转账设置"窗口。

(2) 单击"增加"按钮,打开"转账目录"设置对话框。

(3) 输入转账序号"0001",转账说明"计提短期借款利息";选择凭证类别"转账凭证"。单击"确定"按钮,继续定义转账凭证分录信息。

(4) 单击"增行"按钮,选择科目编码"6603",方向"借";双击"金额公式"栏,单击参照按钮,打开"公式向导"对话框。

(5) 选择"期末余额"函数,单击"下一步"按钮,继续公式定义。

(6) 选择科目"2001",其他参数采取系统默认,单击"完成"按钮,金额公式带回"自定义转账设置"界面。将光标移至末尾,输入"*0.002",按"Enter"键确认。

(7) 单击"增行"按钮,确定分录的贷方信息。选择科目编码"2231",方向"贷",输入金额公式"JG()",如图3-43所示。

图3-43 自定义转账设置

(8) 单击"保存"按钮。

2. 设置对应结转转账凭证

操作步骤

(1) 执行"财务会计"|"总账"|"期末"|"转账定义"|"对应结转"命令，打开"对应结转设置"对话框。

(2) 录入编号"0002"，单击"凭证类别"栏的下三角按钮，选择"转 转账凭证"，输入摘要"结转销项税额"，在"转出科目"编码栏输入"22210102"或单击参照按钮选择"22210102 应交税费——应交增值税——销项税额"。

(3) 单击"增行"按钮，在"转入科目编码"栏输入"22210103"或单击参照按钮选择"22210103 应交税费——应交增值税——未交增值税"，结转系数为"1"，如图 3-44 所示。

图 3-44 对应结转设置

(4) 单击"保存"按钮，再单击"退出"按钮。

提示

- 对应结转不仅可以进行两个科目一对一的结转，还可以进行科目的一(一个转出科目)对多(多个转入科目)的结转。
- 对应结转的科目可为上级科目，但其下级科目的科目结构必须一致(相同明细科目)；如果有辅助核算，则两个科目的辅助账类也必须一一对应。
- 对应结转只能结转期末余额。

3. 设置期间损益结转转账凭证

操作步骤

(1) 执行"期末"|"转账定义"|"期间损益"命令，打开"期间损益结转设置"对话框。

(2) 单击"凭证类别"栏的下三角按钮,选择"转 转账凭证",在"本年利润科目编码"栏录入"4103"或单击参照按钮选择"4103 本年利润",如图 3-45 所示。

图 3-45 期间损益结转设置

(3) 单击"确定"按钮。

提示

损益科目结转表中的本年利润科目必须为末级科目,且为本年利润入账科目的下级科目。

4. 生成期末自定义结转及对应结转的转账凭证

操作步骤

(1) 执行"期末"|"转账生成"命令,打开"转账生成"窗口。

(2) 选择"自定义转账"单选按钮。

(3) 单击"全选"按钮(或者选中要结转的凭证所在行),再单击"确定"按钮,系统弹出"2016.01 月之前有未记账凭证,是否继续结转?"信息提示框。

提示

- 由于期末转账业务的数据来源为账簿,因此,为了保证数据准确,应在所有业务都记账后再进行期末转账业务的操作。
- 300 账套有一笔冲销凭证尚未审核记账,只有在有未记账凭证的情况下才会有此提示,否则会直接出现生成凭证的窗口。如果确认该笔未记账的业务对此时正在结转的业务没有影响则可以选择继续,否则停止当前的操作,在将未记账凭证记账后再进行期末转账业务的操作。

(4) 单击"是"按钮，生成计提短期借款利息的转账凭证，如图 3-46 所示。

图 3-46　计提短期借款利息转账凭证

(5) 单击"保存"按钮，凭证上出现"已生成"的标志。单击"退出"按钮退出。

(6) 在"转账生成"窗口中，选择"对应结转"单选按钮，依步骤生成对应转账凭证，如图 3-47 所示。

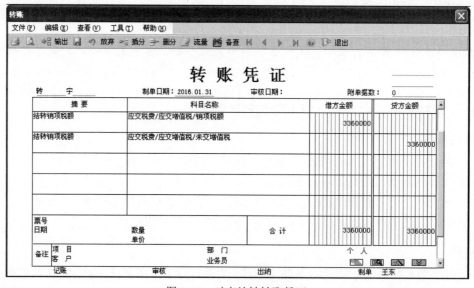

图 3-47　对应结转转账凭证

提示

在进行期间损益结转之前，需要将本月所有未记账凭证进行记账，以保证损益类科目的完整性。因此，由出纳"张平"对冲销凭证进行签字，由主管"周健"对以上 3 张未记账凭证进行审核、记账。

5. 生成期间损益结转凭证

操作步骤

(1) 仍然由王东生成期间损益结转凭证。执行"期末"|"转账生成"命令，打开"转账生成"窗口。

(2) 选择"期间损益结转"单选按钮。单击"全选"按钮，再单击"确定"按钮，生成"期间损益结转"凭证，单击"保存"按钮，如图3-48所示。

图 3-48 期间损益结转凭证

(3) 单击"退出"按钮退出。

(4) 主管周健对未记账凭证进行审核、记账。

提示

● 转账凭证生成的工作应在月末进行。如果有多种转账凭证形式，特别是涉及多项转账业务的，一定要注意转账的先后次序。

● 通过"转账生成"功能生成的转账凭证必须保存，否则将视同放弃。

● 期末自动转账处理工作是针对已记账业务进行的，因此，在进行月末转账工作之前应将所有未记账的凭证记账。

6. 对2016年1月份的会计账簿进行对账

操作步骤

(1) 执行"期末"|"对账"命令，打开"对账"对话框。

(2) 单击"试算"按钮，出现"2016.01试算平衡表"。

(3) 单击"确定"按钮，再单击"选择"按钮，在2016.01"是否对账"栏出现"Y"标志，选中要对账的月份。单击"对账"按钮，系统开始对账，并显示对账结果，如图3-49所示。

图 3-49　对账结果

(4) 单击"退出"按钮退出。

7. 对 2016 年 1 月份进行结账

操作步骤

(1) 执行"期末"|"结账"命令,打开"结账"对话框。

(2) 单击"下一步"按钮,打开"结账—核对账簿"对话框。

(3) 单击"对账"按钮,系统进行对账。当对账完毕后,单击"下一步"按钮,打开"结账—月度工作报告"对话框,如图 3-50 所示。

图 3-50　"结账—月度工作报告"对话框

(4) 单击"下一步"按钮,出现"工作检查完成,可以结账!"提示信息,如图 3-51 所示。

图 3-51　结账提示

(5) 单击"结账"按钮完成 1 月份结账。

提示

● 结账后除查询外，不得再对本月业务进行任何操作。

● 如果本月还有需要修改或调整的事项，可以进行"反结账"。

8. 对 2016 年 1 月份进行反结账

只有账套主管才能使用反结账功能。

操作步骤

(1) 以账套主管 001 身份登录总账。执行"期末"|"结账"命令，打开"结账"对话框。

(2) 将光标置于"2016.01"行。

(3) 同时按下"Ctrl+Shift+F6"组合键，系统弹出"确认口令"对话框，输入账套主管的口令，如图 3-52 所示。

图 3-52　账套主管取消结账

(4) 单击"确定"按钮,取消 1 月份结账标记。

9. 账套备份

在"D:\300 账套备份"文件夹中新建"(3-4)总账期末业务"文件夹,将账套输出至"(3-4)总账期末业务"文件夹中。

第 4 章

UFO 报表系统

功能概述

UFO 报表系统是报表处理的工具，利用 UFO 报表系统既可以编制对外报表，又可以编制各种内部报表。它的主要任务是设计报表的格式和编制公式，从总账系统或其他业务系统中取得相关会计信息，自动编制各种会计报表，对报表进行审核、汇总，生成各种分析图，并按预定格式输出各种会计报表。具体包括以下内容。

- 文件管理：可对报表文件的创建、读取、保存和备份进行管理。能够进行不同文件格式的转换。支持多个窗口同时显示和处理，可以同时打开的文件和图形窗口多达 40 个。提供了标准财务数据的"导入"和"导出"功能，可以和其他流行财务软件交换数据。

- 格式管理：提供了丰富的格式设计功能，如定义组合单元、画表格线及调整行高和列宽等，可以制作各种要求的报表。

- 数据处理：UFO 以固定的格式管理大量不同的表页，能够多达 99 999 张，具有相同格式的报表资料统一在一个报表文件中管理，并且在每张表页之间建立有机的联系。提供了排序、审核、舍位平衡及汇总功能；提供了绝对单元公式和相对单元公式，可以方便迅速地定义计算公式；提供了种类丰富的函数，可以从用友账务系统及其他业务系统中提取数据，生成财务报表。

- 图表功能：将数据表以图形的形式进行表示。采用图文混排，可以很方便地进行图形数据组织，制作包括直方图、立体图及折线图等 10 种图式的分析图表。可以编制图表的位置、大小及标题等，打印输出图表。

- 二次开发：提供批命令和自定义，自动记录命令窗口中输入的多个命令，可以将有规律性的操作过程编制成批命令文件，可以在短时间内开发出本企业的专用系统。

实验目的与要求

系统学习自定义报表和使用报表模板生成报表的方法。要求掌握报表格式设计和公式设置的方法以及报表数据的计算方法，了解及查询有关的图表功能。

教学建议

UFO 报表是 ERP 财务管理系统中的基础内容，在实际工作中运用较为广泛，电子表功能较为全面。学习时要结合会计工作的实际，在掌握利用报表模板生成财务报表的基础上，能充分利用自定义报表的功能设计出实际工作中所需要的不同报表。

建议本章讲授 4 课时，上机练习 4 课时。

实验一　自定义报表

实验准备

引入"(3-4)总账期末业务"的账套备份数据，或引入光盘中的"实验账套\(3-4)总账期末业务"。将系统日期修改为"2016 年 1 月 31 日"，由 001 号操作员登录 300 账套的企业应用平台，进入 UFO 报表。

实验要求

- 设计管理费用明细表的格式
- 定义管理费用明细表的计算公式
- 生成管理费用明细表的数据
- 保存管理费用明细表

实验资料

1. 表样内容

管理费用明细表如表 4-1 所示。

表 4-1　管理费用明细表

年　　　月

	办公费	差旅费	工资	折旧费	福利费	合计
人事部						
财务部						
供应部						
销售部						
合计						

注：为简化起见，只需要设置表 4-1 中带图案单元格的公式。

2. 报表中的计算公式

管理费用明细表中的数据分为两种：一种是从账务系统取数，另一种是通过表内数据计算得到。

实验指导

1. 报表格式设计

设置表尺寸

操作步骤

(1) 在企业应用平台的"业务工作"选项卡中，执行"财务会计"|"UFO 报表"命令，进入 UFO 报表系统。

(2) 执行"文件"|"新建"命令，打开报表"格式"状态窗口。

(3) 执行"格式"|"表尺寸"命令，打开"表尺寸"对话框。

(4) 录入行数"8"，列数"7"，如图 4-1 所示。

图 4-1　设置表尺寸

(5) 单击"确认"按钮，出现 8 行 7 列的表格。

提示

● UFO 建立的是一个报表文件，可以容纳多张表页。

● 在单击"新建"后，系统会自动生成一张空白表。

● 设置报表尺寸是指设置报表的大小。设置前应根据所定义的报表大小计算该表所需要的行数及列数，然后再设置。报表行数应包括报表表头、表体和表尾。

定义行高和列宽

操作步骤

(1) 单击选中 A1 单元，执行"格式"|"行高"命令，打开"行高"对话框。

(2) 录入 A1 单元所在行的行高"10"，单击"确认"按钮。

(3) 同理，设置 B1 单元所在列的列宽为"32"，单击"确认"按钮。

提示

● 设置列宽应以能够放下本栏最宽数据为原则，否则生成报表时会产生数据溢出的错误。

● 在设置了行高及列宽后，如果觉得不合适，可以直接用鼠标拖动行线及列线改变行高和列宽。

画表格线

操作步骤

(1) 单击选中 A3 单元后拖动鼠标到 G8 单元，执行"格式"|"区域画线"命令，打开"区域画线"对话框，如图 4-2 所示。

图 4-2　区域画线

(2) 默认"网线"选项，单击"确认"按钮。

提示

● 报表的尺寸设置完之后，在报表输出时，该报表是没有任何表格线的，为了满足查询和打印的需要，还应在适当的位置上画表格线。

● 画表格线时可以根据需要选择不同的画线类型及样式。

定义组合单元

操作步骤

(1) 单击行号"1"，选中 A1～G1 单元，执行"格式"|"组合单元"命令，打开"组合单元"对话框。

(2) 单击"按行组合"按钮，将第 1 行组合为一个单元。

提示

● 组合单元实际上是把几个单元当成一个单元来使用，组合单元是一个大单元，所有针对单元的操作对组合单元均无效。

● 组合单元时既可以按行组合，又可以整体组合，即将选中的单元合并为一个整体。

输入项目内容

操作步骤

根据所给资料直接在对应单元中输入所有项目内容，如图 4-3 所示。

图 4-3　输入项目内容

提示

在录入报表项目时，单位名称及日期不需手工录入，UFO 报表一般将其设置为关键字。用设置关键字的方法设置。

设置单元属性

操作步骤

(1) 单击选中 A1 单元，执行"格式"|"单元属性"命令，打开"单元格属性"对话框。

(2) 单击打开"字体图案"选项卡，单击"字体"栏的下三角按钮，选择"楷体"；单击"字号"栏的下三角按钮，选择"18"。

(3) 单击打开"对齐"选项卡，选择水平方向"居中"及垂直方向"居中"，单击"确定"按钮。

(4) 同理，设置 A 列和第 3 行水平居中。

提示

● 在设置单元属性时可以分别设置单元类型、字体图案、对齐方式及边框样式。

- 新建的报表，所有单元的单元类型均默认为数值型。
- 格式状态下输入的内容均默认为表样单元。
- 字符单元和数值单元只对本表页有效，表样单元输入后对所有的表页有效。

定义关键字

操作步骤

(1) 单击 C3 单元，执行"数据"|"关键字"|"设置"命令，打开"设置关键字"对话框。

(2) 单击"年"单选按钮，如图 4-4 所示，单击"确定"按钮。C3 中显示红色的"×××年"，指示了年关键字位置信息。

(3) 同理，在 D3 单元中设置关键字"月"。

图 4-4　设置关键字

提示

- 定义关键字主要包括设置关键字和调整关键字在表页上的位置。
- 关键字主要有 6 种，即单位名称、单位编号、年、季、月、日，另外还包括一个自定义关键字。可以根据实际需要任意设置相应的关键字。
- 一个关键字在一个表中只能定义一次，即同一个表中不能有重复的关键字。
- 关键字在格式状态下设置，如果设置错误可以取消。
- 关键字的值在数据状态下录入。
- 同一个单元或组合单元的关键字定义完以后，可能会重叠在一起，如果造成重叠，可以在设置关键字时输入关键字的相对偏移量。偏移量为负数时表示向左移，正数时表示向右移。

2. 定义计算公式

录入单元公式—从总账系统取数

操作步骤

(1) 单击 B5 单元，执行"数据"|"编辑公式"|"单元公式"命令，打开"定义公式"对话框。

(2) 单击"函数向导"按钮，打开"函数向导"对话框，在"函数分类"列表中选择

"用友账务函数",在"函数名"列表中选择"发生(FS)",如图 4-5 所示。

图 4-5　函数向导—从总账取数

(3) 单击"下一步"按钮,打开"用友账务函数"对话框。单击"参照"按钮,打开"账务函数"对话框。

(4) 选择科目"660201",选择部门编码"2 财务部",如图 4-6 所示。

图 4-6　定义财务部—办公费的取数公式

(5) 单击"确定"按钮,返回"用友账务函数"对话框。再单击"确定"按钮返回"定义公式"对话框,如图 4-7 所示。单击"确认"按钮。B5 单元中显示"公式单元",证实该单元中已设定了计算公式。

图 4-7　"定义公式"对话框

(6) 同理,继续录入其他单元的计算公式。

提示

● 单元公式是指为报表数据单元进行赋值的公式,单元公式的作用是从账簿、凭证、本表或其他报表等处调用运算所需要的数据,并输入相应的报表单元中。它既可以将数据单元赋值为数值,又可以赋值为字符。

● 必须在英文状态下录入计算公式。

- 计算公式可以直接录入，也可以利用函数向导参照录入。
- 所录入的公式必须符合公式的模式，否则会被系统判定为公式错误。

录入单元公式—利用统计函数求合计

操作步骤

(1) 单击 G5 单元，执行"数据" | "编辑公式" | "单元公式"命令，打开"定义公式"对话框。

(2) 单击"函数向导"按钮，打开"函数向导"对话框，在"函数分类"列表中选择"统计函数"，如图 4-8 所示。

图 4-8　函数向导—统计函数

(3) 单击"下一步"按钮，打开"固定区统计函数"对话框。在"固定区区域"文本框中输入"B5:F5"，如图 4-9 所示。

(4) 单击"确认"按钮返回。

图 4-9　利用统计函数求合计

(5) 将文件保存为"管理费用明细表"。

下面，进行报表数据的处理。

3. 打开管理费用明细表

操作步骤

(1) 在 UFO 报表系统中，打开管理费用明细表。

(2) 系统自动进入数据处理状态，屏幕左下角按钮显示为"数据"，如图 4-10 所示。

图 4-10　打开"管理费用明细表"

提示

● 要打开 UFO 表既可以在进入 UFO 报表系统之后打开，也可以直接打开。

● 可以在编制报表时反复使用已经设置的报表公式，并且在不同的会计期间可以生成
不同结果的报表。

● 在报表的数据状态下可以插入表页或追加表页。

4. 录入关键字并计算报表数据

操作步骤

(1) 执行"数据" | "关键字" | "录入"命令，打开"录入关键字"对话框。

(2) 录入年"2016"，月"1"，如图 4-11 所示。

(3) 单击"确认"按钮。系统提示"是否重算第 1 页？"，单击"是"按钮，系统自动
计算报表数据，显示计算结果，如图 4-12 所示。

(4) 保存报表。

图 4-11　录入关键字

图 4-12　生成管理费用明细表

提示

在编制报表时可以选择整表计算或表页计算，整表计算是将该表的所有表页全部进行计算，而表页计算仅是将该表页的数据进行计算。

实验二　利用报表模板生成资产负债表

实验准备

引入已完成"(3-4)总账期末业务"的账套备份数据，或引入光盘中的"实验账套\(3-4)总账期末业务"中的备份账套。将系统日期修改为"2016 年 1 月 31 日"，由 001 号操作员通过登录 300 账套的企业应用平台，进入到 UFO 报表。

实验要求

- 按 2007 年新会计制度科目行业生成 300 账套 1 月的"资产负债表"并保存。
- 按 2007 年新会计制度科目行业生成 300 账套 1 月的"现金流量表"并保存。

实验资料

- 单位名称为"华兴公司"。
- 编制时间为 2016 年 1 月。

实验指导

1. 编制资产负债表

调用"资产负债表"模板

操作步骤

(1) 在 UFO 报表系统中，执行"文件"|"新建"命令，打开报表的"格式"状态窗口。

(2) 执行"格式"|"报表模板"命令，打开"报表模板"对话框。

(3) 单击"您所在的行业"栏的下三角按钮，选择"2007 年新会计制度科目"；再单击"财务报表"栏的下三角按钮，选择"资产负债表"，如图 4-13 所示。

图 4-13 "报表模板"对话框

(4) 单击"确认"按钮，系统弹出"模板格式将覆盖本表格式！是否继续？"信息提示框。

(5) 单击"确定"按钮，打开按"2007 年新会计制度科目"行业设置的"资产负债表"模板，如图 4-14 所示。

图 4-14 资产负债表模板

提示

● 在调用报表模板时一定要注意选择正确的所在行业相应的会计报表，因为不同行业的会计报表的内容不同。

● 如果被调用的报表模板与实际需要的报表格式或公式不完全一致，可以在此基础上进行修改。

● 用户可以根据本单位的实际需要定制报表模板，并可以将自定义的报表模板加入系统提供的模板库中，也可对其进行修改和删除操作。

设置关键字

操作步骤

(1) 在报表"格式"状态窗口中，单击选中 A3 单元，将"编制单位"删除。

(2) 仍选中 A3 单元，执行"数据"|"关键字"|"设置"命令，打开"设置关键字"对话框。

(3) 设置关键字为"单位名称"，单击"确定"按钮。

提示

- 如果报表的编制单位是固定的，则可以在格式状态下直接录入编制单位的有关内容，不用设置关键字。
- 通过设置关键字可以在每次生成报表数据时以录入关键字的形式录入单位名称等信息。

录入关键字并计算报表数据

操作步骤

(1) 在报表"格式"状态窗口中，单击"数据"按钮，系统提示"是否确定全表重算"。

(2) 单击"否"按钮，打开报表的"数据"状态窗口。

(3) 在报表的"数据"状态窗口中，执行"数据"|"关键字"|"录入"命令，打开"录入关键字"对话框。录入各项关键字，单击"确认"按钮，系统提示"是否重算第 1 页？"。

(4) 单击"是"按钮，生成资产负债表的数据，保存资产负债表。

提示

- 关键字应采用系统提供的定义关键字功能来定义，而不应该直接录入。而现在所调用的报表模板，在 A3 单元中已经录入了"编制单位"，所以应先删除后再定义。
- 在数据状态中录入关键字后，系统会提示"是否重算第 1 页？"，可以单击"是"按钮直接计算，也可以单击"否"按钮暂不计算。

2. 编制现金流量表

调用"现金流量表"模板

操作步骤

(1) 在 UFO 报表系统中，执行"文件"|"新建"命令，打开报表的"格式"状态窗口。

(2) 执行"格式"|"报表模板"命令，打开"报表模板"对话框。

(3) 单击"您所在的行业"栏的下三角按钮，选择"2007 年新会计制度科目"；再单击"财务报表"栏的下三角按钮，选择"现金流量表"。

(4) 单击"确认"按钮，系统弹出"模板格式将覆盖本表格式！是否继续？"信息提示框。

(5) 单击"确定"按钮，打开按"2007 年新会计制度科目"行业设置的"现金流量表"模板。

设置关键字

操作步骤

(1) 在报表"格式"状态窗口中，将第 3 行 A3 和 B3 中的内容删除。

(2) 选中 A3 单元，输入"编制单位：北京华兴股份有限公司"。

(3) 选中 B3 单元,执行"数据"|"关键字"|"设置"命令,打开"设置关键字"对话框。设置关键字"年",单击"确定"按钮。同理在 B3 单元中设置关键字"月"。

(4) 选中 B3 单元,执行"数据"|"关键字"|"偏移"命令,打开"定义关键字偏移"对话框。在"年"文本框中输入"-50",如图 4-15 所示,单击"确定"按钮。

图 4-15 定义关键字偏移

提示

负数表示向左偏移,正数表示向右偏移。

定义公式

操作步骤

(1) 选中 C6 单元,单击"fx"按钮,打开"定义公式"对话框。单击"函数向导"按钮,打开"函数向导"对话框。

(2) 在"函数分类"列表框中选择"用友账务函数",在右边的"函数名"列表框中选中"现金流量项目金额(XJLL)",如图 4-16 所示。单击"下一步"按钮,打开"用友账务函数"对话框。

图 4-16 选择"现金流量项目金额"函数

(3) 单击"参照"按钮,打开"账务函数"对话框。

(4) 单击"项目编码"右边的参照按钮,打开"现金流量项目"选项。

(5) 双击选择与 C6 单元格左边相对应的项目"销售商品、提供劳务收到的现金",单击"确定"按钮，返回"用友账务函数"对话框。单击"确定"按钮，返回"定义公式"对话框，单击"确认"按钮。

(6) 同理，输入其他单元公式，保存现金流量表。

提示

定义现金流出项目时，需要在定义账务函数界面中选择现金流量的方向为"流出"。

补充录入现金流量凭证中的现金流量项目

操作步骤

(1) 在总账系统中，执行"现金流量表"|"现金流量凭证查询"命令，打开"现金流量凭证查询"对话框。单击"确定"按钮，进入"现金流量查询及修改"窗口。

(2) 选择要修改的凭证，单击"修改"按钮，打开"现金流量录入修改"对话框。

(3) 选择项目编码为"04 购买商品、接受劳务支付的现金"，如图 4-17 所示。单击"确定"按钮返回。

图 4-17 补充录入现金流量项目

(4) 同理，录入其他现金流量凭证的项目流量项目。

生成现金流量表主表数据

操作步骤

(1) 在数据状态下，录入关键字。

(2) 执行表页计算，生成现金流量表。

第 5 章

薪资管理系统

功能概述

薪资管理系统的任务是以职工个人的薪资原始数据为基础，计算应发工资、扣款小计和实发工资等，编制工资结算单；按部门和人员类别进行汇总，进行个人所得税计算；提供多种方式的查询和打印薪资发放表、各种汇总表及个人工资条；进行工资费用分配与计提，并实现自动转账处理。薪资管理系统具体包括以下内容。

- 工资类别管理：薪资系统提供处理多个工资类别的功能。如果单位按周或按月多次发放薪资，或者是单位中有多种不同类别(部门)的人员、薪资发放项目不同、计算公式也不同，但需进行统一薪资核算管理，就选择多个工资类别。
- 人员档案管理：可以设置人员的基础信息并对人员变动进行调整，系统同时还提供了设置人员附加信息的功能。
- 薪资数据管理：根据不同企业的需要设计工资项目和计算公式；管理所有人员的工资数据，并对平时发生的工资变动进行调整；自动计算个人所得税，结合工资发放形式进行扣零处理或向代发的银行传输工资数据；自动计算、汇总工资数据；自动完成工资分摊、计提、转账业务。
- 账簿管理：提供按多种条件查询总账、日记账及明细账等，具有总账、明细账和凭证联查功能。
- 薪资报表管理：提供多层次、多角度的工资数据查询。

实验目的与要求

系统学习薪资系统初始化、日常业务处理的主要内容和操作方法。要求掌握建立工资账套、建立工资类别、建立人员类别、设置工资项目和计算公式的方法；了解工资账套与企业账套的区别；掌握工资数据计算、个人所得税计算的方法；掌握工资分摊和生成转账凭证的方法；熟悉查询有关账表资料并进行统计分析的方法。

教学建议

在用友 ERP-U8.72 管理系统中，薪资管理已经不再属于财务管理中的组成部分，而是人力资源管理的一个子系统。学习时要了解薪资管理系统在人力资源管理系统中的地位，并且要理解薪资管理系统与总账系统的数据关系。

建议本章讲授 4 课时，上机练习 4 课时。

实验一　薪资管理系统初始化

实验准备

将系统日期修改为"2016 年 1 月 1 日"。引入光盘中的"实验账套\(3-1)总账初始化"账套数据，以"001 周健"的身份注册进入企业应用平台，在"基础设置"|"基本信息"|"系统启用"中启用"薪资管理"系统，启用日期为"2016 年 1 月 1 日"。

实验要求

- 建立工资账套
- 基础设置
- 工资类别管理
- 设置在岗人员工资账套的工资项目
- 设置人员档案
- 设置计算公式
- 设置个人所得税扣税基数及税率
- 账套备份

实验资料

1. 300 账套薪资管理系统的参数

工资类别有两个，工资核算本位币为人民币，不核算计件工资，自动代扣所得税，不进行扣零处理。工资类别分为"在岗人员"和"退休人员"，其中在岗人员分布在各个部门，而退休人员只属于人事部门。

2. 人员附加信息

增加人员附加信息"性别"和"学历"。

3. 工资项目(如表 5-1 所示)

表 5-1 工资项目情况

工资项目名称	类　型	长　　度	小　数	增　减　项
基本工资	数字	8	2	增项
职务补贴	数字	8	2	增项
福利补贴	数字	8	2	增项
交通补贴	数字	8	2	增项
奖金	数字	8	2	增项
缺勤扣款	数字	8	2	减项
住房公积金	数字	8	2	减项
缺勤天数	数字	8	2	其他

4. 银行名称

银行名称为"中国工商银行"。个人账号长度为 11 位，录入时自动带出的账号长度为 8 位。

5. 工资类别及工资项目

在岗人员工资类别：所有工资项目。

退休人员工资类别：只有基本工资和住房公积金两个项目。

6. 在岗人员档案(如表 5-2 所示)

表 5-2 在岗人员档案

职员编号	人员姓名	性　别	学　历	所属部门	人员类别	银行代发账号
001	杨文	男	大学	人事部(1)	企业管理人员	11022033001
002	周健	男	大学	财务部(2)	企业管理人员	11022033002
003	王东	男	大学	财务部(2)	企业管理人员	11022033003
004	张平	女	大学	财务部(2)	企业管理人员	11022033004
005	杨明	男	大学	供应部(3)	经营人员	11022033005
006	刘红	女	大专	销售一科(401)	经营人员	11022033006
007	韩乐乐	男	大学	销售二科(402)	经营人员	11022033007
008	刘伟	男	大专	生产部(5)	车间管理人员	11022033008
009	齐天宇	男	高中	生产部(5)	生产工人	11022033009

7. 计算公式

缺勤扣款=基本工资/22×缺勤天数。

企业管理人员和经营人员的交通补助为 200 元，其他人员的交通补助为 60 元。

住房公积金=(基本工资+职务补贴+福利补贴+交通补贴+奖金)×0.08。

8. 个人所得税扣税基数及汇率

个税免征额即扣税基数为 3 500 元，外籍人士个税减除费用为 4 800 元，如表 5-3 所示。

表 5-3　目前实行的 7 级超额累进个人所得税税率表

级　数	全月应纳税所得额	税率/%	速算扣除数
1	不超过 1 500 元	3	0
2	超过 1 500 元至 4 500 元的部分	10	105
3	超过 4 500 元至 9 000 元的部分	20	555
4	超过 9 000 元至 35 000 元的部分	25	1 005
5	超过 35 000 元至 55 000 元的部分	30	2 755
6	超过 55 000 元至 80 000 元的部分	35	5 505
7	超过 80 000 元的部分	45	13 505

实验指导

1. 建立工资套

操作步骤

(1) 在企业应用平台中，执行"人力资源"|"薪资管理"命令，系统显示"薪资管理"对话框，单击"确定"按钮，打开"建立工资套—参数设置"对话框。

(2) 选择本账套所需处理的工资类别个数为"多个"，如图 5-1 所示。

(3) 单击"下一步"按钮，打开"建立工资套—扣税设置"对话框，选中"是否从工资中代扣个人所得税"复选框，如图 5-2 所示。

图 5-1　建立工资套—参数设置

图 5-2　建立工资套—扣税设置

(4) 单击"下一步"按钮，打开"建立工资套—扣零设置"对话框。不选择"扣零"复选框，如图 5-3 所示。

图 5-3　建立工资套—扣零设置

(5) 单击"下一步"按钮，打开"建立工资套—人员编码"对话框。

(6) 单击"完成"按钮，完成建立工资套的过程。

提示

● 工资账套与企业核算账套是不同的概念，企业核算账套在系统管理中建立，是针对整个用友 ERP 系统而言的；而工资账套只针对用友 ERP 系统中的薪资管理子系统。可以说工资账套是企业核算账套的一个组成部分。

● 启用"薪资系统"后，需重新注册，才能显示薪资管理子系统。

● 如果单位按周或每月多次发放薪资，或者是单位中有多种不同类别(部门)人员，工资发放项目会不尽相同，计算公式也不相同，但需要进行统一工资核算管理，应选择"多个"工资类别。反之，如果单位中所有人员工资按统一标准进行管理，而且人员的工资项目、工资计算公式全部相同，则选择"单个"工资类别。

● 选择代扣个人所得税后，系统将自动生成工资项目"代扣税"，并自动进行代扣税金的计算。

● 扣零处理是指每次发放工资时将零头扣下，积累取整，在下次发放工资时补上，系统在计算工资时将依据扣零类型(扣零至元、扣零至角、扣零至分)进行扣零计算。一旦选择了"扣零处理"，系统会自动在固定工资项目中增加"本月扣零"和"上月扣零"两个项目，扣零的计算公式将由系统自动定义，不用设置。

● 建账完成后，部分建账参数可以在"设置"|"选项"中进行修改。

2. 设置人员附加信息

操作步骤

(1) 执行"设置"|"人员附加信息设置"命令，打开"人员附加信息设置"对话框。

(2) 单击"增加"按钮，单击"栏目参照"栏的下三角按钮，选择"性别"；同理，增加"学历"，如图 5-4 所示。

(3) 单击"确定"按钮。

图 5-4　人员附加信息设置

提示

- 如果工资管理系统提供的有关人员的基本信息不能满足实际需要,可以根据需要进行人员附加信息的设置。
- 人员附加信息的设置不影响工资的计算和发放,补充人员附加信息后使薪资管理系统具备了简单人事信息管理的功能。
- 不能对人员的附加信息进行数据加工,如公式设置等。

3. 设置工资项目

操作步骤

(1) 执行"设置"|"工资项目设置"命令,打开"工资项目设置"对话框。

(2) 单击"增加"按钮,从"名称参照"下拉列表框中选择"基本工资",默认类型为"数字",小数位为"2",增减项为"增项"。以此方法继续增加其他的工资项目,如图 5-5 所示。

图 5-5　工资项目设置

提示

对于"名称参照"下拉列表中没有的项目可以直接输入；或者从"名称参照"下拉列表中选择一个类似的项目后再进行修改。其他项目可以根据需要修改。

(3) 单击"确定"按钮，系统弹出"工资项目已经改变，请确认各工资类别的公式是否正确，否则计算结果可能不正确"信息提示框，如图 5-6 所示。

图 5-6　薪资管理提示

(4) 单击"确定"按钮。

提示

- 此处所设置的工资项目是针对所有工资类别所需要使用的全部工资项目。
- 系统提供的固定工资项目不能修改和删除。

4. 设置银行名称

操作步骤

(1) 在企业应用平台的"基础设置"选项卡中，执行"基础档案"|"收付结算"|"银行档案"命令，打开"修改银行档案"对话框。

(2) 按实验资料修改已有银行名称信息，如图 5-7 所示。

图 5-7　设置银行名称

(3) 单击"退出"按钮退出。

提示

● 系统预置了 16 个银行名称，如果不能满足需要可以在此基础上删除或增加新的银行名称。

● 如果修改账号长度，则必须按键盘上的"Enter"键确认。

5. 建立工资类别

操作步骤

(1) 在薪资管理系统中，执行"工资类别"|"新建工资类别"命令，打开"新建工资类别"对话框。

(2) 输入工资类别名称"在岗人员"，如图 5-8 所示。

(3) 单击"下一步"按钮，打开"新建工资类别—请选择部门"对话框。

(4) 分别单击选中各部门，也可单击"选定全部部门"按钮，如图 5-9 所示。

图 5-8　新建工资类别　　　　图 5-9　"新建工资类别—请选择部门"对话框

(5) 单击"完成"按钮，系统提示"是否以 2016-01-01 为当前工资类别的启用日期？"。

(6) 单击"是"按钮返回。

(7) 执行"工资类别"|"关闭工资类别"命令，关闭"在岗人员"工资类别。

(8) 执行"工资类别"|"新建工资类别"命令，建立"退休人员"工资类别。

6. 设置在岗人员档案

操作步骤

(1) 执行"工资类别"|"打开工资类别"命令，打开"打开工资类别"对话框，如图 5-10 所示。

(2) 选择"在岗人员"工资类别，单击"确定"按钮。

(3) 执行"设置"|"人员档案"命令，打开"人员档案"窗口。

(4) 单击"批增"按钮，打开"人员批量增加"对话框。

(5) 在左边窗口中选择要增加的人员所属的人员类别，右边窗口中列示了该类别下的所有人员，如图 5-11 所示。

图 5-10 "打开工资类别"对话框 　　　　　　图 5-11 人员批量增加

(6) 单击"确定"按钮，返回"人员档案"窗口。选择"001 杨文"记录行，单击"修改"按钮，打开"人员档案明细"对话框。在"基本信息"选项卡的"银行名称"栏中选择"中国工商银行"，在"银行账号"栏录入"11022033001"；单击打开"附加信息"选项卡，在"性别"栏录入"男"，在"学历"栏录入"大学"，如图 5-12 所示。

图 5-12 设置附加信息

(7) 单击"确定"按钮，系统弹出"写入该人员档案信息吗？"信息提示框，单击"确定"按钮返回。

(8) 继续修改其他的人员档案，录入完成后如图 5-13 所示。

图 5-13 人员档案

(9) 单击"退出"按钮,退出"人员档案"窗口。

提示

● 在"人员档案"窗口中,单击"批增"按钮可以按人员类别批量增加人员档案,然后再进行修改。

● 如果在银行名称设置中设置了"银行账号定长",则在输入人员档案的银行账号时,当输入了一个人员档案的银行账号后,在输入第二个人的银行账号时,系统会自动带出已设置的银行账号定长的账号,只需要输入剩余的账号即可。

● 如果账号长度不符合要求则不能保存。

● 在增加人员档案时,"停发"、"调出"和"数据档案"不可选,在修改状态下才能编辑。

● 在人员档案对话框中,可以单击"数据档案"按钮,录入薪资数据。如果个别人员档案需要修改,在人员档案对话框中可以直接修改。

7. 设置在岗人员工资类别的工资项目

操作步骤

(1) 执行"设置"|"工资项目设置"命令,打开"工资项目设置"对话框。

(2) 单击"增加"按钮,再单击"名称参照"栏的下三角按钮,选择"基本工资",并以此方法再增加其他的工资项目。

(3) 单击选中"基本工资",单击"上移"按钮,将"基本工资"移动到工资项目栏的第 1 行,再继续移动其他的工资项目到相应的位置,如图 5-14 所示。

图 5-14　在岗人员工资项目设置

提示

● 在未打开任何工资账套前可以设置所有的工资项目;当打开某一工资账套后可以根据本工资账套的需要对已经设置的工资项目进行选择,并将工资项目移动到合适的位置。

- 工资项目不能重复选择。

- 工资项目一旦选择，即可进行公式定义。

- 没有选择的工资项目不允许在计算公式中出现。

- 不能删除已输入数据的工资项目和已设置计算公式的工资项目。

- 如果所需要的工资项目不存在，则要关闭本工资类别，然后新增工资项目，再打开
  此工资类别进行选择。

8. 设置"缺勤扣款"和"住房公积金"的计算公式

操作步骤

(1) 在"工资项目设置"对话框中单击打开"公式设置"选项卡。

(2) 单击"增加"按钮，从下拉列表中选择"缺勤扣款"工资项目。

(3) 单击"缺勤扣款公式定义"区域，在下方的"工资项目"列表中单击选中"基本工资"，单击选中"运算符"区域中的"/"，在"缺勤扣款公式定义"区域中继续录入"22"，单击选中"运算符"区域中的"*"，再单击选中"工资项目"列表中的"缺勤天数"，如图 5-15 所示。

图 5-15　缺勤扣款计算公式设置

(4) 单击"公式确认"按钮。

(5) 以此方法设置"住房公积金"的计算公式。

9. 设置"交通补贴"的计算公式

操作步骤

(1) 在"工资项目设置"对话框的"公式设置"选项卡中，单击"增加"按钮，从下拉列表框中选择"交通补贴"。

(2) 单击"函数公式向导输入"按钮，打开"函数向导——步骤之 1"对话框。

(3) 单击选中"函数名"列表中的"iff"，如图 5-16 所示。

(4) 单击"下一步"按钮，打开"函数向导——步骤之 2"对话框。

(5) 单击"逻辑表达式"栏的参照按钮，打开"参照"对话框。

(6) 单击"参照列表"栏的下三角按钮，选择"人员类别"，再单击选中"企业管理人员"，如图 5-17 所示。

图 5-16 函数向导——步骤之 1

图 5-17 选择人员类别

(7) 单击"确定"按钮，返回"函数向导——步骤之 2"对话框。在"逻辑表达式"文本框已有的公式后面输入"or"(注意"or"的前后应有空格与前后项分开)。再次单击参照按钮，选择"人员类别"为"经营人员"，单击"确定"按钮返回。

(8) 在"算术表达式 1"文本框中录入"200"，在"算术表达式 2"中输入"60"，如图 5-18 所示。

图 5-18 函数向导——步骤之 2

(9) 单击"完成"按钮返回"公式设置"选项卡，如图 5-19 所示。

图 5-19 交通补贴公式设置

(10) 单击"公式确认"按钮，再单击"确定"按钮。

提示

- 在定义公式时，可以使用函数公式向导输入、函数参照输入、工资项目参照、部门参照和人员类别参照来编辑输入该工资项目的计算公式。其中函数公式向导只支持系统提供的函数。

- 工资中没有的项目不允许在公式中出现。

- 公式中可以引用已设置公式的项目，相同的工资项目可以重复定义公式，多次计算，以最后的运行结果为准。

- 定义公式时要注意先后顺序。

- 如果将交通补贴计算公式设置为"iff(人员类别="企业管理人员",200, iff(人员类别="经营人员",200,60))"，也可以达到同样的目的。

10. 设置个人所得税扣税基数及税率

操作步骤

(1) 执行"设置"|"选项"命令，打开"选项"对话框，单击"编辑"按钮。

(2) 打开"扣税设置"选项卡，单击"税率设置"按钮，打开"个人所得税申报表——税率表"对话框。

(3) 设置所得税纳税基数为"3 500"，附加费用为"1 300"。

(4) 选择税率表中的第 9 行，单击"删除"按钮，系统弹出"是否删除最末级税率级次？"提示框，单击"是"按钮。用同样方法，删除税率表中的第 8 行。然后按照实验资料所给的税率表逐行修改应纳税所得额上限、税率和速算扣除数。修改完成后，界面如图 5-20 所示。

(5) 单击"确定"按钮返回。

图 5-20　个人所得税税率设置

11. 账套备份

在"D:\300 账套备份"文件夹中新建"(5-1)工资初始化"文件夹，将账套输出至"(5-1)工资初始化"文件夹中。

实验二　薪资管理业务处理

实验准备

引入"D:\300账套备份\(5-1)工资初始化"的账套备份数据，或引入光盘中的"实验账套\(5-1)工资初始化"。将系统日期修改为"2016年1月31日"，以"001周健"的身份注册进入薪资管理系统。

实验要求

- 对在岗人员进行薪资核算与管理
- 录入并计算1月份的薪资数据
- 扣缴所得税
- 银行代发工资
- 工资分摊并生成转账凭证
- 月末处理
- 查看工资发放条
- 查看部门工资汇总表
- 按部门进行工资项目构成分析
- 查询1月份工资核算的记账凭证
- 账套备份

实验资料

(1) 2016年1月有关的工资数据(如表5-4所示)。

表5-4　2016年1月有关的工资数据

职员编号	人员姓名	基本工资/元	职务补贴/元	福利补贴/元	奖金/元	缺勤天数/天
001	杨文	4 000	1 000	200	800	
002	周健	3 500	1 500	200	800	
003	王东	2 800	1 000	200	800	3
004	张平	2 300	1 000	200	800	
005	杨明	2 500	900	200	1 000	
006	刘红	2 500	900	200	1 200	
007	韩乐乐	2 500	900	200	1 200	
008	刘伟	3 000	1 000	200	1 100	
009	齐天宇	2 200		200	1 000	2

(2) 工资分摊的类型及计提标准。

工资分摊的类型为"应付工资"和"应付福利费"。

按工资总额的 14% 计提福利费。

(3) 分摊构成设置(如表 5-5 所示)。

表 5-5 分摊构成设置

计提类型名称	部门名称	人员类别	项目	借方科目	贷方科目
应付工资	人事部、财务部	企业管理人员		管理费用—工资(660203)	应付职工薪酬—应付工资(221101)
	供应部、销售部	经营人员		销售费用(6601)	
	生产部	车间管理人员		制造费用(5101)	
	生产部	生产工人		生产成本(500102)	
应付福利费	人事部、财务部	企业管理人员		管理费用—工资(660203)	应付职工薪酬—应付福利费(221102)
	供应部、销售部	经营人员		销售费用(6601)	
	生产部	车间管理人员		制造费用(5101)	
	生产部	生产工人		生产成本(500102)	

实验指导

1. 录入并计算 1 月份的工资数据

操作步骤

(1) 执行"业务处理"|"工资类别"|"打开工资类别"命令,打开"打开工资类别"对话框。选择"001 在岗人员"工资类别,单击"确定"按钮。

(2) 执行"业务处理"|"工资变动"命令,打开"工资变动"窗口。单击"全选"按钮,再单击"替换"按钮,打开"工资项数据替换"对话框,将工资项目"福利补贴"替换成"200",如图 5-21 所示,再单击"确定"按钮返回。系统弹出"数据替换后将不可恢复,是否继续?"提示框,单击"是"按钮;系统继续提示"9 条记录被替换,是否重新计算?",单击"是"按钮返回。

图 5-21 替换工资项目

(3) 单击"过滤器"下三角按钮，从列表中选择"过滤设置"选项，打开"项目过滤"对话框。选择工资项目"基本工资"，单击" > | "按钮，将其选入"已选项目"中。同理，将"职务补贴"、"奖金"、"缺勤天数"选入"已选项目"列表中，如图 5-22 所示。

图 5-22　项目过滤

(4) 接下来，录入工资项目数据，录入完成后如图 5-23 所示。

图 5-23　利用过滤器设置录入工资数据

(5) 从"过滤器"下拉列表框中选择"所有项目"，单击"计算"按钮，再单击"汇总"按钮，计算全部工资项目内容。

(6) 单击"退出"按钮。

提示

- 第一次使用工资系统必须将所有人员的基本工资数据录入系统。工资数据可以在录入人员档案时直接录入，需要计算的内容可在此功能中进行计算；也可以在工资变动功能中录入，当工资数据发生变动时应在此录入。

- 如果工资数据的变化具有规律性，可以使用"替换"功能进行成批数据替换。

- 在修改了某些数据、重新设置了计算公式、进行了数据替换或在个人所得税中执行了自动扣税等操作后，必须调用"计算"和"汇总"功能对个人工资数据重新进行计算，以保证数据正确。

- 如果对工资数据只进行了"计算"的操作，而未进行"汇总"操作，则退出时系统提示"数据发生变动后尚未进行汇总,是否进行汇总?",如果需要汇总则单击"是"按钮,否则单击"否"按钮即可。

2. 扣缴所得税

操作步骤

(1) 执行"业务处理" | "扣缴所得税"命令,打开"个人所得税申报模板"对话框。

(2) 选择"个人所得税年度申报表",单击"打开"按钮,再单击"确定"按钮,打开"所得税申报"窗口,如图 5-24 所示。

系统扣缴个人所得税年度申报表

2016年1月 – 2016年1月

总人数:8

姓名	证件号码	所得项目	所属期间…	所属期间…	收入额	减费用额	应纳税所…	税率	速算扣除数	应纳税额	已扣缴税款
杨文		工资	20160101	20161231			2204.00	10	105.00	115.40	115.40
周健		工资	20160101	20161231			2204.00	10	105.00	115.40	115.40
王东		工资	20160101	20161231			718.18	3	0.00	21.55	21.55
杨明		工资	20160101	20161231			916.00	3	0.00	27.48	27.48
刘红		工资	20160101	20161231			1100.00	3	0.00	33.00	33.00
郭乐乐		工资	20160101	20161231			1100.00	3	0.00	33.00	33.00
刘伟		工资	20160101	20161231			1431.20	3	0.00	42.94	42.94
齐天宇		工资	20160101	20161231			0.00	0	0.00	0.00	0.00
合计							9673.38		210.00	388.77	388.77

图 5-24   系统扣缴个人所得税年度申报表

提示

可以对"系统扣缴个人所得税年度申报表"中的"基数"和"税率"进行调整,而调整后必须重新计算个人所得税,否则个人所得税数据将发生错误。

3. 查看银行代发一览表

操作步骤

(1) 执行"业务处理" | "银行代发"命令,打开"请选择部门范围"对话框,单击"确定"按钮,打开"银行文件格式设置"对话框,选择"中国工商银行",如图 5-25 所示。

图 5-25   "银行文件格式设置"对话框

(2) 单击"确定"按钮，系统弹出"确认设置的银行文件格式？"信息提示框。

(3) 单击"是"按钮，打开"银行代发一览表"窗口。

(4) 单击"退出"按钮。

提示

可以对银行文件格式进行设置，并且可以分别以 TXT、DAT 及 DBF 文件格式输出。

4. 工资分摊设置

操作步骤

(1) 在"基础档案"中增加会计科目"221101 应付工资"以及"221102 应付福利费"。

(2) 执行"业务处理" | "工资分摊"命令，打开"工资分摊"对话框，如图 5-26 所示。

(3) 单击"工资分摊设置"按钮，打开"分摊类型设置"对话框。

(4) 单击"增加"按钮，打开"分摊计提比例设置"对话框。

(5) 在"计提类型名称"栏录入"应付工资"，如图 5-27 所示。

(6) 单击"下一步"按钮，打开"分摊构成设置"对话框。在"分摊构成设置"对话框中，分别选择分摊构成的各项目内容，如图 5-28 所示。

图 5-26 "工资分摊"对话框

图 5-27 "分摊计提比例设置"对话框

部门名称	人员类别	工资项目	借方科目	借方项目大类	借方项目	贷方科目	贷方项目大类
人事部,财务部	企业管理人员	应发合计	660203			221101	
供应部,销售一…	经营人员	应发合计	6601			221101	
生产部	车间管理人员	应发合计	5101			221101	
生产部	生产工人	应发合计	500102			221101	

图 5-28 "分摊构成设置"对话框

(7) 单击"完成"按钮，返回到"分摊类型设置"对话框。

(8) 单击"增加"按钮，在"计提类型名称"栏录入"应付福利费"，在"分摊计提比例"栏录入"14%"，如图 5-29 所示。

图 5-29　分摊计提比例设置

(9) 单击"下一步"按钮，打开"分摊构成设置"对话框，在"分摊构成设置"对话框中分别选择分摊构成的各个项目内容。

(10) 单击"完成"按钮，返回到"分摊类型设置"对话框。

(11) 单击"取消"按钮，暂时不进行分摊的操作。

提示

● 所有与工资相关的费用及基金均需建立相应的分摊类型名称及分类比例。

● 不同部门、相同人员类别可以设置不同的分摊科目。

● 不同部门、相同人员类别在设置时，可以一次选择多个部门。

5. 工资分摊并生成转账凭证

操作步骤

(1) 执行"业务处理"|"工资分摊"命令，打开"工资分摊"对话框。

(2) 分别选中"应付工资"及"应付福利费"前的复选框，并单击选中各个部门，选中"明细到工资项目"复选框，如图 5-30 所示。

(3) 单击"确定"按钮，打开"应付工资一览表"窗口，如图 5-31 所示。

图 5-30　"工资分摊"对话框

图 5-31　应付工资一览表

(4) 选中"合并科目相同、辅助项相同的分录"复选框。

(5) 单击"制单"按钮，选择凭证类别为"转账凭证"，单击"保存"按钮，结果如图 5-32 所示。

图 5-32　应付工资分摊转账凭证

(6) 单击"退出"按钮，返回"应付工资一览表"。

(7) 单击"类型"栏的下三角按钮，选择"应付福利费"，生成应付福利费分摊转账凭证，如图 5-33 所示。

图 5-33　应付福利费分摊转账凭证

提示

- 工资分摊应按分摊类型依次进行。
- 在进行工资分摊时，如果不选择"合并科目相同、辅助项相同的分录"，则在生成凭证时将每一条分录都对应一个贷方科目；如果单击"批制"按钮，可以一次将所有本次参与分摊的"分摊类型"所对应的凭证全部生成。

6. 月末处理

操作步骤

(1) 执行"业务处理"|"月末处理"命令，打开"月末处理"对话框，如图 5-34 所示。

(2) 单击"确定"按钮，系统提示"月末处理之后，本月工资将不许变动！继续月末处理吗？"，如图 5-35 所示。

图 5-34　"月末处理"对话框

(3) 单击"是"按钮，系统提示"是否选择清零项？"。

(4) 单击"否"按钮，系统提示"月末处理完毕！"。

(5) 单击"确定"按钮。

提示

- 月末处理只有在会计年度的 1～11 月进行。
- 如果处理多个工资类别，则应分别打开工资类别，分别进行月末处理。
- 如果本月工资数据未汇总，系统将不允许进行月末处理。
- 进行月末处理后，当月数据不允许再变动。
- 月末处理功能只有账套主管才能执行。
- 在进行月末处理后，如果发现还有一些业务或其他事项要在已进行了月末处理的月份进行账务处理，可以由账套主管以下月日期登录，使用反结账功能，取消已结账标记。
- 有下列情况之一不允许反结账：总账系统已结账；汇总工资类别的会计月份与反结账的会计月相同，并且包括反结账的工资类别。
- 本月工资分摊、计提凭证传输到总账系统，如果总账系统已审核并记账，需做红字冲销后，才能反结账；如果总账系统未做任何操作，只需删除此凭证即可。如果凭证已由出纳或主管签字，应在取消出纳签字或主管签字，并删除该张凭证后才能反结账。

7. 查看薪资发放条

操作步骤

(1) 执行"统计分析"|"账表"|"工资表"命令，打开"工资表"对话框。

(2) 单击选中"工资发放条"，单击"查看"按钮，打开"工资发放条"对话框。

(3) 单击选中各个部门，并单击选中"选定下级部门"复选框，如图 5-35 所示。

图 5-35　选择部门

(4) 单击"确定"按钮,打开"工资发放条"窗口。单击"退出"按钮退出。

提示

- 工资业务处理完成后,相关工资报表数据同时生成,系统提供了多种形式的报表反映工资核算的结果。如果对报表的格式不满意还可以进行修改。
- 系统提供的工资报表主要包括"工资发放签名表"、"工资发放条"、"部门工资汇总表"、"人员类别汇总表"、"部门条件汇总表"、"条件统计表"、"条件明细表"及"工资变动明细表"等。
- 工资发放条是发放工资时交给职工的工资项目清单。系统提供了自定义工资发放打印信息和工资项目打印位置格式的功能,提供了固化表头和打印区域范围的"工资套打"格式。

8. 查看部门工资汇总表

操作步骤

(1) 执行"统计分析"|"账表"|"工资表"命令,打开"工资表"对话框。

(2) 单击选中"部门工资汇总表",单击"查看"按钮,打开"部门工资汇总表—选择部门范围"对话框。

(3) 单击选中各个部门,并单击"选定下级部门"复选框,再单击"确定"按钮。

(4) 单击"确定"按钮,打开"部门工资汇总表"窗口。

(5) 单击"退出"按钮退出。

提示

- 部门工资汇总表提供按单位(或各部门)进行工资汇总的查询。
- 可以选择部门级次,可以查询当月部门工资汇总表,也可以查询其他各月的部门工资汇总表。

9. 对财务部进行工资项目构成分析

操作步骤

(1) 执行"统计分析"|"工资分析表"命令,打开"工资分析表"对话框,如图 5-36所示。

(2) 单击"确定"按钮,打开"选择分析部门"对话框。

(3) 在"选择分析部门"对话框中,单击选中各个部门。

(4) 单击"确定"按钮，打开"分析表选项"对话框。

(5) 在"分析表选项"对话框中，单击">>"按钮，选中所有的薪资项目内容，如图 5-37 所示。

图 5-36　"工资分析表"对话框　　　　图 5-37　"分析表选项"对话框

(6) 单击"确定"按钮，打开"工资项目分析表(按部门)"窗口。

(7) 单击"部门"栏的下三角按钮，选择"财务部"，可以查看财务部工资项目构成情况。

(8) 单击"退出"按钮退出。

提示

对于工资项目分析，系统仅提供单一部门的分析表。用户可以在分析界面中单击"部门"栏的下三角按钮，查看该部门的工资项目构成分析。

10. 查询 1 月份计提"应付福利费"的记账凭证

操作步骤

(1) 执行"统计分析" | "凭证查询"命令，打开"凭证查询"窗口，如图 5-38 所示。

图 5-38　凭证查询

(2) 在"凭证查询"窗口中，单击选中"应付福利费"所在行。

(3) 单击"凭证"按钮，打开计提应付福利费的转账凭证。

(4) 单击"退出"按钮退出。

提示

- 薪资管理系统中的"凭证查询"功能可以对薪资管理系统生成的转账凭证进行查询、删除或冲销。而在总账系统中，对薪资管理系统中传递过来的转账凭证只能进行查询、审核或记账等操作，不能进行修改或删除。
- 在"凭证查询"功能中单击"单据"按钮，可以查看该张凭证所对应的单据。
- 如果要进行工资数据的上报或采集，或者进行不同工资类别之间的人员变动，应在"工资数据维护"功能中完成。
- 在"工资数据维护"功能中还可以进行"人员信息复制"及"工资类别汇总"的操作。

11. 账套备份

在"D:\300 账套备份"文件夹中新建"(5-2)工资业务处理"文件夹，将账套输出至"(5-2)工资业务处理"文件夹中。

第6章

固定资产系统

功能概述

固定资产系统主要提供资产管理、折旧计算、统计分析等功能。其中资产管理主要包括原始设备的管理、新增资产的管理、资产减少的处理、资产变动的管理等，并提供资产评估及计提固定资产减值准备功能。固定资产系统支持折旧方法的变更，可以按月自动计算折旧，生成折旧分配凭证，同时输出有关的报表和账簿。固定资产核算系统可以用于固定资产总值、累计折旧数据的动态管理，协助设备管理部门做好固定资产实体的各项指标的管理、分析工作。具体包括以下内容。

- 初始设置：指根据用户的具体情况，建立一个合适的固定资产子账套的过程。初始设置包括系统初始化、部门设置、类别设置、使用状况定义、增减方式定义、折旧方法定义、卡片项目定义、卡片样式定义等。

- 卡片管理：固定资产管理在企业中分为两部分，一是固定资产卡片台账管理，二是固定资产的会计处理。系统提供了卡片管理的功能，主要从卡片、变动单及资产评估三方面来实现卡片管理。主要包括卡片录入、卡片修改、卡片删除、资产增加及资产减少等功能，不仅实现了固定资产文字资料的管理，而且还实现了固定资产的图片管理。

- 折旧管理：自动计提折旧形成折旧清单和折旧分配表，按分配表自动制作记账凭证，并传递到总账系统。在对折旧进行分配时可以在单位和部门之间进行分配。

- 月末对账结账：月末按照系统初始设置的账务系统接口，自动与账务系统进行对账，并根据对账结果和初始设置决定是否结账。

- 账表查询：通过"我的账表"对系统所能提供的全部账表进行管理，资产管理部门可随时查询分析表、统计表、账簿和折旧表，提高资产管理效率。另外，还提供固定资产的多种自定义功能。

实验目的与要求

系统学习固定资产系统初始化、日常业务处理的主要内容和操作方法。要求掌握输入固定资产卡片的方法；掌握固定资产增加、减少、变动的操作方法和要求；掌握固定资产折旧的处理过程及操作方法；了解固定资产账套内容及作用；熟悉固定资产月末转账、对账及月末结账的操作方法。

教学建议

固定资产系统是 ERP 财务管理系统中相对独立的一个子系统，在实际工作中运用较为广泛，其部分功能与总账联系较为紧密，学习时要了解固定资产系统与总账的关系，将固定资产系统与总账系统有机地结合起来，为企业的全面财务核算与管理服务。

建议本章讲授 4 课时，上机练习 4 课时。

实验一　固定资产系统初始化

实验准备

修改系统日期为"2016 年 1 月 1 日"。引入"D:\300 账套备份\(3-1)总账初始化"，由"001 周健"注册进入企业应用平台，启用固定资产系统。

实验要求

- 建立固定资产子账套
- 基础设置
- 录入原始卡片
- 账套备份

实验资料

1. 300 账套固定资产系统的参数

固定资产账套的启用月份为"2016 年 1 月"，固定资产采用"平均年限法(一)"计提折旧，折旧汇总分配周期为一个月；当"月初已计提月份＝可使用月份–1"时将剩余折旧全部提足。固定资产编码方式为"2-1-1-2"；固定资产编码方式采用自动编码方式，编码方式为"类别编码+序号"；序号长度为"5"。要求固定资产系统与总账进行对账，固定资产对账科目为"1601 固定资产"，累计折旧对账科目为"1602 累计折旧"，对账不平衡的情况下不允许固定资产月末结账。

2. 固定资产选项设置

设置与财务系统的接口。

- 固定资产缺省入账科目：1601
- 累计折旧缺省入账科目：1602
- 减值准备缺省入账科目：1603

3. 部门对应折旧科目(如表 6-1 所示)

表 6-1 部门对应折旧科目

部 门 名 称	贷 方 科 目
人事部	管理费用——折旧费(660204)
财务部	管理费用——折旧费(660204)
供应部	销售费用(6601)
销售部	销售费用(6601)
生产部	制造费用(5101)

4. 固定资产类别(如表 6-2 所示)

表 6-2 固定资产类别

类别编码	类 别 名 称	使用年限/年	净残值率/%	计 提 属 性	折 旧 方 法	卡 片 样 式
01	房屋及建筑物	30	2	正常计提	平均年限法(一)	通用样式
011	办公楼	30	2	正常计提	平均年限法(一)	通用样式
012	厂房	30	2	正常计提	平均年限法(一)	通用样式
02	机器设备				平均年限法(一)	通用样式
021	生产线	10	3	正常计提	平均年限法(一)	通用样式
022	办公设备	5	3	正常计提	平均年限法(一)	通用样式

5. 固定资产增减方式(如表 6-3 所示)

表 6-3 固定资产增减方式

增 加 方 式	对应入账科目	减 少 方 式	对应入账科目
直接购入	银行存款——工行存款(100201)	出售	固定资产清理(1606)
投资者投入	实收资本(4001)	投资转出	长期股权投资——其他股权投资(151102)
盘盈	待处理财产损溢——待处理固定资产损溢(190102)	盘亏	待处理财产损溢——待处理固定资产损溢(190102)
捐赠	营业外收入(6301)	捐赠转出	固定资产清理(1606)
在建工程转入	在建工程(1604)	报废	固定资产清理(1606)

6. 固定资产原始卡片(如表 6-4 所示)

表 6-4　固定资产原始卡片

卡 片 编 号	00001	00002	00003	00004	00005
固定资产编号	01100001	01200001	02100001	02100002	02200001
固定资产名称	1 号楼	2 号楼	A 生产线	B 生产线	电脑
类别编号	011	012	021	021	022
类别名称	办公楼	厂房	生产线	生产线	办公设备
部门名称	人事部	生产部	生产部	生产部	财务部
增加方式	在建工程转入	在建工程转入	在建工程转入	在建工程转入	直接购入
使用状况	在用	在用	在用	在用	在用
使用年限/年	30	30	10	10	5
开始使用日期	2013-09-08	2013-10-10	2013-08-20	2013-05-08	2012-06-01
原值/元	412 000	450 000	150 000	180 000	20 000
累计折旧/元	37 800	25 515	39 375	45 198	7 236

实验指导

1. 建立固定资产账套

操作步骤

(1) 在用友 ERP-U8.72 企业应用平台中,选择"财务会计"中的"固定资产",系统弹出"这是第一次打开此账套,还未进行过初始化,是否进行初始化?"信息提示对话框,如图 6-1 所示。

图 6-1　固定资产系统初始化提示信息

(2) 单击"是"按钮,打开固定资产"初始化账套向导—约定及说明"对话框,如图 6-2 所示。

(3) 选中"我同意"单选按钮,单击"下一步"按钮,打开固定资产"初始化账套向导—启用月份"对话框。

(4) 单击"下一步"按钮,打开固定资产"初始化账套向导—折旧信息"对话框,选择主要折旧方法为"平均年限法(一)",如图 6-3 所示。

图 6-2　固定资产"初始化账套向导—约定及说明"对话框

图 6-3　固定资产"初始化账套向导—折旧信息"对话框

(5) 单击"下一步"按钮，打开固定资产"初始化账套向导—编码方式"对话框。选择固定资产编码方式为"自动编码"和"类别编码+序号"，序号长度为"5"，如图 6-4 所示。

(6) 单击"下一步"按钮，打开固定资产"初始化账套向导—账务接口"对话框。

(7) 在"固定资产对账科目"栏录入"1601"，在"累计折旧对账科目"栏录入"1602"，如图 6-5 所示。

图 6-4 "初始化账套向导—编码方式"对话框

图 6-5 "初始化账套向导—财务接口"对话框

(8) 单击"下一步"按钮,打开"初始化账套向导—完成"对话框,如图 6-6 所示。

图 6-6 固定资产"初始化账套向导—完成"对话框

(9) 单击"完成"按钮,系统弹出"已经完成了新账套的所有设置工作,是否确定所设置的信息完全正确并保存对新账套的所有设置?"信息提示框。

(10) 单击"是"按钮,系统提示"已成功初始化本固定资产账套!"。

(11) 单击"确定"按钮,固定资产建账完成。

提示

● 在固定资产"初始化账套向导—启用月份"对话框中所列示的启用月份只能查看,不能修改。启用日期确定后,在该日期前的所有固定资产都将作为期初数据,在启用月份开始计提折旧。

● 在固定资产"初始化账套向导—折旧信息"对话框中,"当(月初已计提月份=可使用月份−1)时将剩余折旧全部提足(工作量法除外)"是指除工作量法外,只要上述条件满足,则该月折旧额=净值−净残值,并且不能手工修改;如果不选该项,则该月不提足折旧,并且可手工修改,但如以后各月按照公式计算的月折旧率或折旧额是负数时,认为公式无效,今月折旧率=0,月折旧额=净值−净残值。

● 固定资产编码方式包括"手工输入"和"自动编码"两种方式。自动编码方式包括"类别编号+序号"、"部门编号+序号"、"类别编号+部门编号+序号"、"部门编号+类别编号+序号"。类别编号中的序号长度可自由设定为 1~5 位。

● 资产类别编码方式设定以后，一旦某一级设置类别，则该级的长度不能修改，未使用过的各级长度可以修改。每一个账套的自动编码方式只能选择一种，一经设定，该自动编码方式不得修改。

● 固定资产对账科目和累计折旧对账科目应与账务系统内对应的科目一致。

● 对账不平不允许结账是指当存在对应的账务账套的情况时，本系统在月末结账前自动执行一次对账，给出对账结果。如果不平，说明两系统出现偏差，应予以调整。

2. 设置选项

操作步骤

(1) 执行"设置"|"选项"命令，打开"选项"对话框。

(2) 单击"编辑"按钮，单击打开"与账务系统接口"选项卡，设置固定资产默认入账科目为"1601"，固定资产；累计折旧对账科目默认入账科目为"1602，累计折旧"，减值准备缺省入账科目为"1603，固定资产减值准备"，如图 6-7 所示。

图 6-7　选项设置

(3) 单击"确定"按钮返回。

3. 设置部门对应折旧科目

操作步骤

(1) 执行"设置"|"部门对应折旧科目"命令，打开"部门对应折旧科目—列表视图"对话框。

(2) 选择"人事部"所在行，单击"修改"按钮，打开"部门编码表—单张视图"对话框(也可以直接选中部门编码目录中的"人事部"，单击打开"单张视图"选项卡，再单击"修改"按钮)。

(3) 在"折旧科目"栏录入或选择"660204，折旧费"，如图 6-8 所示。

(4) 单击"保存"按钮。以此方法继续录入其他部门对应的折旧科目。

图 6-8 "部门对应折旧科目—单张视图"对话框

提示

- 因本系统录入卡片时，只能选择明细级部门，所以设置折旧科目也只有给明细级设置才有意义。如果某一上级部门设置了对应的折旧科目，则下级部门继承上级部门的设置。
- 当为销售部设置对应的折旧科目为"6601 销售费用"时，系统会提示"是否将销售部的所有下级部门的折旧科目替换为'销售费用'？如果选择是，请在成功保存后单击'刷新'按钮查看"；单击"是"按钮，即将销售部的两个下级部门的折旧科目一并设置完成。
- 设置部门对应的折旧科目时，必须选择末级会计科目。设置上级部门的折旧科目，则下级部门可以自动继承；也可以选择不同的科目，即上下级部门的折旧科目可以相同，也可以不同。

4. 设置固定资产类别

操作步骤

(1) 执行"设置"|"资产类别"命令，打开"资产类别—列表视图"对话框。

(2) 单击"增加"按钮，打开"类别资产—单张视图"对话框。

(3) 在"类别名称"栏录入"房屋及建筑物"，在"使用年限"栏录入"30"，在"净残值率"栏录入"2"，如图 6-9 所示。

(4) 单击"保存"按钮，继续录入 02 号资产的类别名称"机器设备"，单击"保存"按钮。

(5) 单击"放弃"按钮，系统提示"是否取消本次操作"，单击"是"按钮，返回"资产类别—列表视图"对话框。

图 6-9　"资产类别—单张视图"对话框

(6) 单击选中"固定资产分类编码表"中的"01 房屋及建筑物"分类，再单击"增加"按钮，在"类别名称"栏录入"办公楼"。

(7) 单击"保存"按钮。以此方法继续录入其他的固定资产分类。

提示

● 应先建立上级固定资产类别后再建立下级类别。由于在建立上级类别"房屋与建筑物"时就设置了使用年限、净残值率，其下级类别如果与上级类别设置相同，将自动继承不用修改；如果下级类别与上级类别设置不同，可以修改。

● 类别编码、名称、计提属性及卡片样式不能为空。

● 非明细级类别编码不能修改和删除，明细级类别编码修改时只能修改本级的编码。

● 使用过的类别的计提属性不能修改。

● 系统已使用的类别不允许增加下级和删除。

5. 设置固定资产的增减方式

操作步骤

(1) 执行"设置"|"增减方式"命令，打开"增减方式—列表视图"对话框。

(2) 单击选中"101 直接购入"所在行，再单击"修改"按钮，打开"增减方式—单张视图"对话框，在"对应入账科目"栏录入"100201，工行存款"，如图 6-10 所示。

图 6-10　"增减方式—单张视图"对话框

(3) 单击"保存"按钮。以此方法继续设置其他的增减方式对应的入账科目。

提示

● 在资产增减方式中所设置的对应入账科目是为了生成凭证时自动默认。

● 因为本系统提供的报表中有固定资产盘盈盘亏报表，所以增减方式中"盘盈、盘亏、毁损"不能修改和删除。

● 非明细增减方式不能删除；已使用的增减方式不能删除。

● 生成凭证时，如果入账科目发生了变化，可以即时修改。

6. 录入固定资产原始卡片

操作步骤

(1) 执行"卡片"|"录入原始卡片"命令，打开"固定资产类别档案"对话框。

(2) 选择"011 办公楼"前的复选框，单击"确定"按钮，打开"固定资产卡片"对话框。

(3) 在"固定资产名称"栏录入"1 号楼"，单击"使用部门"，再单击"使用部门"按钮，打开"固定资产—本资产部门使用方式"对话框，如图 6-11 所示。

(4) 单击"确定"按钮，打开"部门参照"窗口。

(5) 选择"人事部"，双击确认。

(6) 单击"增加方式"，再单击"增加方式"按钮，打开"固定资产增减方式"对话框，选择"在建工程转入"， 单击"确定"按钮。

(7) 单击"使用状况"，再单击"使用状况"按钮，打开"使用状况参照"对话框。默认"在用"，单击"确定"按钮。

(8) 在"开始使用日期"栏录入"2013-09-08"，在"原值"栏录入"412 000"，在"累计折旧"栏录入"37 800"，如图 6-12 所示。

图 6-11 "固定资产—本资产部门使用方式"对话框

图 6-12 录入原始卡片

(9) 单击"保存"按钮，系统提示"数据成功保存！"。

(10) 单击"确定"按钮。以此方法继续录入其他的固定资产卡片。

提示

- 在"固定资产卡片"界面中，除"固定资产"主卡片外，还有若干的附属选项卡，附属选项卡上的信息只供参考，不参与计算也不回溯。
- 在执行原始卡片录入或资产增加功能时，可以为一个资产选择多个使用部门。
- 当资产为多部门使用时，原值、累计折旧等数据可以在多部门间按设置的比例分摊。
- 单个资产对应多个使用部门时，卡片上的"对应折旧科目"处不能输入，默认为选择使用部门时设置的折旧科目。
- 原始卡片录入完成后，可执行"处理"|"对账"命令，验证固定资产系统原始卡片的固定资产原值合计和累计折旧合计是否与总账中固定资产科目和累计折旧科目的期初余额相等。

7. 账套备份

在"D:\300 账套备份"文件夹中新建"(6-1)固定资产初始化"文件夹，将账套输出至"(6-1)固定资产初始化"文件夹中。

实验二　固定资产日常业务处理

实验准备

将系统日期修改为"2016 年 1 月 31 日"。引入"D:\300 账套备份\(6-1)固定资产初始化"备份账套数据，由"001 周健"注册进入固定资产系统。

实验要求

- 修改固定资产卡片
- 增加固定资产
- 折旧处理
- 生成增加固定资产的记账凭证
- 对账与结账
- 账表管理

  将系统日期修改为"2016 年 2 月 28 日"，由"001 周健"注册进入"固定资产"系统。
- 计提折旧
- 固定资产减少

- 固定资产变动
- 批量制单
- 账套备份

实验资料

1. 2016 年 1 月固定资产日常业务

(1) 修改固定资产卡片

2016 年 1 月 15 日,将卡片编号为"00003"的固定资产(A 生产线)的使用状况由"在用"修改为"大修理停用"。

(2) 新增固定资产

2016 年 1 月 15 日,直接购入并交付销售一科使用一台电脑,预计使用年限为 5 年,原值为 12 000 元,净残值为 3%,采用"年数总和法"计提折旧。

(3) 计提折旧

计提本月折旧。

(4) 批量制单

利用批量制单功能生成"业务 2 新增固定资产"凭证。

2. 2016 年 2 月固定资产日常业务

(1) 减少固定资产

2016 年 2 月 20 日,将财务部使用的电脑"00005"号固定资产捐赠给希望工程。

(2) 固定资产变动

2016 年 2 月 28 日,根据企业需要,将卡片号码为"00004"号的固定资产(B 生产线)的折旧方法由"平均年限法(一)"更改为"工作量法"。工作总量为 60000 小时,累计工作量为 10000 小时。

实验指导

1. 修改固定资产卡片

操作步骤

(1) 执行"卡片"|"卡片管理"命令,打开"卡片管理"窗口,如图 6-13 所示。

图 6-13　"卡片管理"窗口

(2) 单击选中"00003"所在行,再单击"修改"按钮,打开"固定资产卡片"窗口。

(3) 单击"使用状况",再单击"使用状况"按钮,打开"使用状况参照"对话框。

(4) 单击选中"1004 大修理停用",单击"确定"按钮。

(5) 单击"保存"按钮,系统提示"数据成功保存!"。

(6) 单击"确定"按钮,再单击"退出"按钮,返回"卡片管理"窗口。

提示

● 当发现卡片有录入错误,或资产使用过程中有必要修改卡片上的一些内容时,可以通过卡片修改功能来实现,这种修改为无痕迹修改。

● 原始卡片的原值、使用部门、工作总量、使用状况、累计折旧、净残值(率)、折旧方法、使用年限、资产类别在没有做变动单或评估单的情况下,在录入当月可以无痕迹修改;如果做过变动单,只有删除变动单才能无痕迹修改;若各项目做过一次月末结账,则只能通过变动单或评估单调整,不能通过卡片修改功能改变。

● 通过资产增加录入系统的卡片,如果在没有制作凭证和变动单、评估单的情况下,录入当月可以无痕迹修改;如果做过变动单,只有删除变动单才能无痕迹修改;如果已制作凭证,要修改原值或累计折旧,必须删除凭证后,才能无痕迹修改;卡片上的其他项目,任何时候均可无痕迹修改。

● 非本月录入的卡片,不能删除。

● 卡片做过一次月末结账后不能删除。做过变动单或评估单的卡片在删除时会提示先删除相关的变动单或评估单。

2. 增加固定资产

操作步骤

(1) 执行"卡片"|"资产增加"命令,打开"资产类别参照"对话框。

(2) 双击"022 办公设备",打开"固定资产卡片"对话框。

(3) 在"固定资产名称"栏录入"电脑";选择使用部门为"销售一科";增加方式为"直接购入";使用状况为"在用";选择折旧方法为"年数总和法";在"原值"栏录入

"12 000",如图 6-14 所示。

固定资产卡片

卡片编号	00006		日期	2016-01-31

固定资产卡片

| 卡片编号 | 00006 | | 日期 | 2016-01-31 |

图 6-14 新增资产

(4) 单击"保存"按钮,系统提示"数据成功保存!"。

(5) 单击"确定"按钮,再单击"退出"按钮退出。

提示

- 新卡片录入的第一个月不提折旧,折旧额为空或为零。
- 原值录入的必须是卡片录入月初的价值,否则将会出现计算错误。
- 如果录入的累计折旧、累计工作量大于零,说明是旧资产,该累计折旧或累计工作量是进入本单位前的值。
- 已计提月份必须严格按照该资产在其他单位已经计提或估计已计提的月份数,不包括使用期间停用等不计提折旧的月份。
- 只有当资产开始计提折旧后才可以使用资产减少功能,否则,减少资产只有通过删除卡片来完成。

3. 计提固定资产折旧

操作步骤

(1) 执行"处理"|"计提本月折旧"命令,系统弹出"是否要查看折旧清单?"信息提示框,如图 6-15 所示。

(2) 单击"是"按钮,系统提示"本操作将计提本月折旧,并花费一定时间,是否继续?",如图 6-16 所示。

图 6-15　固定资产计提折旧信息提示 1　　　　图 6-16　固定资产计提折旧信息提示 2

(3) 单击"是"按钮，打开"折旧清单"窗口，如图 6-17 所示。

(4) 单击"退出"按钮，打开"折旧分配表"窗口，如图 6-18 所示。

(5) 单击"凭证"按钮，生成一张记账凭证。

(6) 修改凭证类别为"转账凭证"。

(7) 单击"保存"按钮，凭证左上角出现"已生成"字样，表示凭证已传递到总账，如图 6-19 所示。

图 6-17　折旧清单

图 6-18　折旧分配表

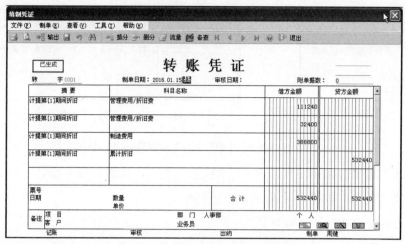

图 6-19　生成计提折旧转账凭证

(8) 单击"退出"按钮退出。

提示

- 计提折旧功能对各项资产每期计提一次折旧，并自动生成折旧分配表，然后制作记账凭证，将本期的折旧费用自动登账。
- 部门转移和类别调整的资产当月计提的折旧分配到变动后的部门和类别。
- 在一个期间内可以多次计提折旧，每次计提折旧后，只是将计提的折旧累加到月初的累计折旧上，不会重复累计。
- 若上次计提折旧已制单并已传递到总账系统，则必须删除该凭证才能重新计提折旧。
- 计提折旧后又对账套进行了影响折旧计算或分配的操作，必须重新计提折旧，否则系统不允许结账。
- 资产的使用部门和资产折旧要汇总的部门可能不同，为了加强资产管理，使用部门必须是明细部门，而折旧分配部门不一定分配到明细部门；不同的单位处理方法可能不同，因此要在计提折旧后、分配折旧费用时做出选择。
- 在折旧费用分配表界面中，可以单击"制单"按钮制单，也可以以后利用"批量制单"功能进行制单。

4. 生成增加固定资产的记账凭证

操作步骤

(1) 执行"处理"|"批量制单"命令，打开"批量制单"对话框。

(2) 单击"全选"按钮，或双击"选择"栏，选中要制单的业务，如图 6-20 所示。

(3) 单击打开"制单设置"选项卡，查看制单科目设置，如图 6-21 所示。

(4) 单击"制单"按钮，修改凭证类别为"付款凭证"，单击"保存"按钮，如图 6-22 所示。

图 6-20　选择制单

图 6-21　查看制单设置

图 6-22　购入固定资产生成凭证

(5) 单击"退出"按钮退出。

提示

● 使用"批量制单"功能可以同时将一批需要制单的业务连续制作凭证传递到总账系统。凡是业务发生时没有制单的,该业务自动排列到批量制单表中,表中列示应制单而没有制单的业务发生日期、类型、原始单据编号,默认的借贷方科目、金额以及制单选择标志。

● 如果在选项中选择"业务发生时立即制单",那么相关业务发生后立即生成凭证。

● 修改凭证时,能修改的内容仅限于摘要、用户自行增加的凭证分录、系统默认的分录的折旧科目,而系统默认的分录的金额与原始单据金额不能修改。

5. 对账

操作步骤

(1) 执行"处理"|"对账"命令,打开"与账务对账结果"对话框,如图 6-23 所示。

图 6-23　与账务对账结果

(2) 单击"确定"按钮。

提示

● 只有设置账套参数时选择了"与账务系统进行对账",本功能才能操作。

● 如果对账不平,需要根据初始化是否选中"在对账不平情况下允许固定资产月末结账"来判断是否可以进行结账处理。

● 本期增加一台电脑,原值为 12 000 元,已经在固定资产系统中填制了记账凭证并传递到了总账系统,但是总账系统尚未记账,所以出现相差 12 000 元原值的结果。

● 在固定资产系统中已经计提了折旧,但尚未在总账系统中记账,因此出现了折旧的差额。

6. 将固定资产系统所生成的记账凭证审核并记账

操作步骤

(1) 由 003 号操作员进入总账系统,对固定资产系统生成的出纳凭证进行出纳签字。

(2) 由 002 号操作员进入总账系统,审核增加原值和计提折旧的记账凭证,并进行记账处理。

7. 结账

操作步骤

(1) 执行"处理"|"月末结账"命令，打开"月末结账"对话框。

(2) 单击"开始结账"按钮，出现"与总账对账结果"对话框。

(3) 单击"确定"按钮，出现系统提示，如图 6-24 所示。

图 6-24　固定资产月末结账后系统的提示信息

(4) 单击"确定"按钮。

提示

● 在固定资产系统完成了本月全部制单业务后，可以进行月末结账。月末结账每月进行一次，结账后当期数据不能修改。

● 本期不结账，将不能处理下期的数据；结账前一定要进行数据备份，否则数据一旦丢失，将会造成无法挽回的后果。

● 如果结账后发现有未处理的业务或者需要修改的事项，可以通过系统提供的"恢复月末结账前状态"功能进行反结账。但是，不能跨年度恢复数据，即本系统年末结转后，不能利用本功能恢复年末结转。

● 恢复到某个月月末结账前的状态后，本账套对该结账后所做的所有工作都可以无痕迹删除。

8. 查询固定资产原值一览表

操作步骤

(1) 执行"账表"|"我的账表"命令，打开"报表"窗口。

(2) 执行"账簿"|"统计表"|"(固定资产原值)一览表"命令，打开"条件"对话框，单击"确定"按钮，进入"(固定资产原值)一览表"窗口，如图 6-25 所示。

(3) 单击"退出"按钮退出。

提示

在固定资产系统中提供了 9 种统计表，包括"(固定资产原值)一览表"、"固定资产变动情况表"、"固定资产到期提示表"、"固定资产统计表"、"评估汇总表"、"评估变动表"、"盘盈盘亏报告表"、"逾龄资产统计表"、"役龄资产统计表"。这些表从不同的侧面对固定资产进行了统计分析，使管理者可以全面细致地了解企业对资产的管理、分布情况，为了及时掌握资产的价值、数量以及新旧程度等指标提供了依据。

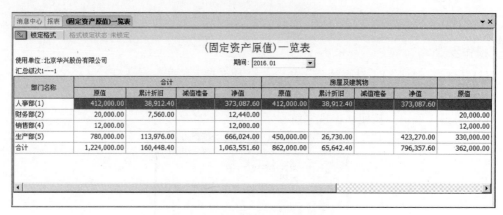

图 6-25　(固定资产原值)一览表

9. 查询 "价值结构分析表"

操作步骤

(1) 执行 "账表" | "我的账表" 命令，打开 "报表" 窗口。

(2) 单击 "分析表"，再双击 "价值结构分析表" 选项，打开 "条件" 对话框。

(3) 单击 "确定" 按钮，打开 "价值结构分析表"，如图 6-26 所示。

(4) 单击 "退出" 按钮退出。

图 6-26　价值结构分析表

提示

在固定资产系统中，分析表主要通过对固定资产的综合分析，为管理者提供管理和决策的依据。系统提供了 4 种分析表，即 "部门构成分析表"、"价值结构分析表"、"类别构成分析表" 及 "使用状况分析表"。管理者可以通过这些表，了解本企业资产计提折旧的程度和剩余价值的大小。

10. 计提固定资产折旧

更改业务日期，重新注册系统，参照业务 3 的操作步骤计提 2 月份固定资产折旧并生成相关凭证。

11. 减少固定资产

操作步骤

(1) 执行"卡片"|"资产减少"命令，打开"资产减少"对话框。

(2) 在"卡片编号"栏录入"00005"，或单击"卡片编号"栏的对照按钮，选择"00005"。

(3) 单击"增加"按钮，双击"减少方式"栏，再单击"减少方式"栏参照按钮，选择"捐赠转出"，如图 6-27 所示。

图 6-27　资产减少

(4) 单击"确定"按钮，系统提示"所选卡片已经减少成功"。

(5) 单击"确定"按钮。

12. 固定资产变动

操作步骤

(1) 执行"卡片"|"变动单"|"折旧方法调整"命令，打开"固定资产变动单"对话框。

(2) 在"卡片编号"栏录入"00004"，或单击"卡片编号"栏，选择"00004"。

(3) 单击"变动后折旧方法"栏，再单击"变动后折旧方法"按钮，选择"工作量法"。

(4) 单击"确定"按钮，打开"工作量输入"对话框。

(5) 在"工作量输入"对话框中，在"工作总量"栏输入"60000"，在"累计工作量"栏录入"10000"，在"工作量单位"栏录入"小时"，如图 6-28 所示。

图 6-28　固定资产变动单—设置工作量

(6) 单击"确定"按钮，在"变动原因"栏录入"工作需要"。

(7) 单击"保存"按钮，系统提示"数据成功保存！"，单击"确定"按钮。

13. 批量制单

操作步骤

(1) 执行"处理"|"批量制单"命令，打开"批量制单"窗口。

(2) 单击"全选"按钮，或双击制单栏，选中要制单的业务。

(3) 单击打开"制单设置"选项卡，单击"制单"按钮，生成一张记账凭证。

(4) 修改凭证类别为"转账凭证"，分别在"摘要"栏的第一行和第二行录入"将电脑捐赠给希望工程"，第三行录入"资产减少"。

(5) 单击"保存"按钮，如图 6-29 所示。

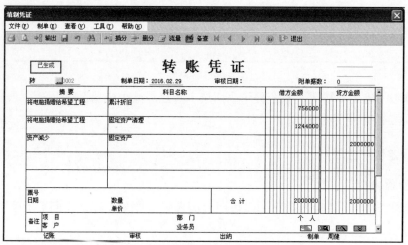

图 6-29　生成捐赠的固定资产转账凭证

(6) 单击"退出"按钮退出。

14. 账套备份

在"D:\300 账套备份"文件夹中新建"(6-2)固定资产日常业务"文件夹，将账套输出至"(6-2)固定资产日常业务"文件夹中。

第 7 章

应收款管理系统

功能概述

应收款管理系统主要实现企业与客户之间业务往来账款的核算与管理。在应收款管理系统中，以销售发票、费用单、其他应收单等原始单据为依据，记录销售业务及其他业务所形成的往来款项，处理应收款项的收回、坏账及转账等情况，提供票据处理的功能，实现对应收款的管理。根据对客户往来款项的核算和管理的程度不同，系统提供了"详细核算"和"简单核算"两种应用方案。不同的应用方案，其系统功能、产品接口、操作流程等均不相同。

详细核算应用方案的功能主要包括记录应收款项的形成(包括由商品交易和非商品交易所形成的所有的应收项目)、处理应收项目的收款及转账情况、对应收票据进行记录和管理、随应收项目的处理过程自动生成凭证并传递给总账系统、对外币业务及汇兑损益进行处理以及提供针对多种条件的各种查询和分析。

简单核算应用方案的功能，主要包括接收销售系统的发票、对其进行审核以及对销售发票进行制单处理并传递给总账系统。

实验目的与要求

系统学习应收款管理系统初始化的一般方法，学习应收款系统日常业务处理的主要内容和操作方法。要求掌握应收款系统与总账系统组合时应收款系统的基本功能和操作方法，熟悉应收款系统账簿查询的作用和基本方法。

教学建议

应收款系统的功能较为全面，由于不同功能模块的组合将会使应收款系统的功能实现方式不同，因此，在学习时一定要在弄清应收款系统的基本功能后，再系统地学习不同模块组合时应收款系统录入数据或接收数据的方法和相应的账务处理。

建议本章讲授 4 课时，上机练习 4 课时。

实验一　应收款管理系统初始化

实验准备

将系统日期修改为"2016 年 1 月 31 日"。引入光盘"实验账套\(3-1)总账初始化"账套备份数据，以"001 周健"身份注册进入企业应用平台，启用应收款管理系统。

实验要求

- 设置系统参数
- 基础设置
- 设置科目
- 坏账准备设置
- 账龄区间设置
- 报警级别设置
- 设置允许修改"销售专用发票"的编号
- 设置本单位开户银行
- 录入期初余额并与总账系统进行对账
- 账套备份

实验资料

1. 300 账套应收款系统的参数

应收款核销方式为"按单据"，单据审核日期依据为"单据日期"，坏账处理方式为"应收余额百分比法"，代垫费用类型为"其他应收单"，应收款核算类型为"详细核算"，受控科目制单依据为"明细到客户"，非受控科目制单方式为"汇总方式"；启用客户权限，并且按信用方式根据单据提前 7 天自动报警。

2. 存货分类(如表 7-1 所示)

表 7-1　存 货 分 类

存货分类编码	存货分类名称
1	原料及主要材料
2	辅助材料

(续表)

存货分类编码	存货分类名称
3	库存商品
4	应税劳务

3. 计量单位(如表 7-2 所示)

表 7-2   计 量 单 位

计量单位组	计 量 单 位
基本计量单位 (无换算率)	吨
	台
	桶
	公里

4. 存货档案(如表 7-3 所示)

表 7-3   存 货 档 案

存货编码	存货名称	所属分类码	计量单位	税率/%	存 货 属 性
001	钢材	1	吨	17	外购、生产耗用
002	油漆	1	桶	17	外购、生产耗用
003	电动机	1	台	17	外购、生产耗用
005	甲产品	3	台	17	自制、内销
006	乙产品	3	台	17	自制、内销
007	运输费	4	公里	7	外购、内销、应税劳务

5. 结算方式

补充增加结算方式:"商业承兑汇票"和"银行承兑汇票"。

6. 本单位开户银行

本单位开户银行为工行北京支行花园路办事处,账号为"001-23456789"。

7. 设置收发类别,销售类型(如表 7-4 和表 7-5 所示)

表 7-4   收 发 类 别

收发类别编码	收发类别名称	收发标志	收发类别编码	收发类别名称	收发标志
1	入库	收	2	出库	发

表 7-5 销 售 类 型

销售类型编码	销售类型名称	出 库 类 别	是否默认值
01	经销	出库	是

8. 单据编号设置

本单位"销售专用发票"、"其他应收单"、"收款单"的编号允许手工修改。

9. 基本科目

应收科目为"1122 应收账款",预收科目为"2203 预收账款",销售收入科目为"6601 主营业务收入",应交增值税科目为"22210102 应交税费——应交增值税——销项税额",销售退回科目为"6601 主营业务收入",银行承兑科目为"1121 应收票据",商业承兑科目为"1121 应收票据",现金折扣科目为"6603",票据利息科目为"6603",票据费用科目为"6603",收支费用科目为"6601"。

10. 结算方式科目

现金结算方式科目为"1001 库存现金",现金支票结算方式科目为"100201 工行存款",转账支票结算方式科目为"100201 工行存款",信汇结算方式科目为"100201 工行存款",电汇结算方式科目为"100201 工行存款"。

11. 坏账准备

提取比率为"0.5%",坏账准备期初余额为"0",坏账准备科目为"1231 坏账准备",坏账准备对方科目为"660206 管理费用——其他"。

12. 账龄区间

账期内账龄区间设置总天数分别为 10 天、30 天、60 天和 90 天。
逾期账龄区间设置总天数分别为 30 天、60 天、90 天和 120 天。

13. 报警级别

A 级时的总比率为 10%,B 级时的总比率为 20%,C 级时的总比率为 30%,D 级时的总比率为 40%,E 级时的总比率为 50%,总比率在 50%以上为 F 级。

14. 期初余额(存货税率均为 17%,开票日期均为 2015 年,如表 7-6 所示)

表 7-6 期初余额情况

单据名称	方 向	开票日期	票 号	客户名称	销售部门	科目编码	货物名称	数 量	无税单价	价税合计
销售专用发票	正	11.12	78987	北京天益公司(01)	销售一科	1122	甲产品(005)	3	2 000	7 020

（续表）

单据名称	方　向	开票日期	票　号	客户名称	销售部门	科目编码	货物名称	数　量	无税单价	价税合计
销售专用发票	正	11.18	78988	明兴公司(04)	销售一科	1122	甲产品(005)	3	2 000	7 020
销售专用发票	正	11.22	78989	大地公司(02)	销售一科	1121	乙产品(006)	2	500	1 170
其他应收单	正	11.22	0060	明兴公司(04)	销售一科	1122	运费			500
收款单(电汇)	正	11.26	111	伟达公司(06)	销售二科	2203				30 000

实验指导

1. 设置系统参数

操作步骤

(1) 在用友 ERP-U8.72 企业应用平台中，打开"业务工作"选项卡，执行"财务会计"|"应收款管理"|"设置"|"选项"命令，打开"账套参数设置"对话框。

(2) 单击"编辑"按钮，系统提示"选项修改需要重新登录才能生效"，单击"确定"按钮。单击"坏账处理方式"栏的下三角按钮，选择"应收余额百分比法"，如图 7-1 所示。

(3) 打开"权限与预警"选项卡，选中"启用客户权限"复选框，单据报警选择"信用方式"，在"提前天数"栏选择提前天数"7"，如图 7-2 所示。

(4) 单击"确定"按钮。

图 7-1　选择坏账处理方式　　　　　图 7-2　设置权限与预警

提示

● 在账套使用过程中可以随时修改账套参数。

● 如果选择"单据日期"为审核日期，则月末结账时单据必须全部审核。

● 如果当年已经计提过坏账准备，则坏账处理方式不能修改，只能下一年度修改。

● 关于应收账款核算模型，在系统启用时或者还没有进行任何业务处理的情况下才允许从简单核算改为详细核算；从详细核算改为简单核算随时可以进行。

2. 设置存货分类

操作步骤

(1) 在企业应用平台中，打开"基础设置"选项卡，执行"基础档案"|"存货"|"存货分类"命令，打开"存货分类"对话框。

(2) 单击"增加"按钮，按实验资料录入存货分类情况，如图 7-3 所示。

图 7-3　录入存货分类

3. 设置计量单位

操作步骤

(1) 在企业应用平台中，打开"基础设置"选项卡，执行"基础档案"|"存货"|"计量单位"命令，打开"计量单位"对话框。

(2) 单击"分组"按钮，打开"计量单位组"对话框。

(3) 单击"增加"按钮，录入计量单位组编码"01"，录入计量单位组名称"基本计量单位"，单击"计量单位组类别"栏的下三角按钮，选择"无换算率"，如图 7-4 所示。

(4) 单击"保存"按钮，再单击"退出"按钮。

(5) 单击"单位"按钮，打开"计量单位"对话框。

(6) 单击"增加"按钮，录入计量单位编码"1"，计量单位名称"吨"，单击"保存"按钮。

(7) 继续录入其他的计量单位内容，录入完所有的计量单位之后单击"退出"按钮，如图 7-5 所示。

图 7-4 设置计量单位组　　　　　图 7-5 录入其他计量单位

提示

- 在设置存货档案之前必须先到企业应用平台的"基础档案"中设置计量单位,否则,存货档案中没有备选的计量单位,存货档案不能保存。
- 在设置计量单位时必须先设置计量单位分组,再设置各个计量单位组中的计量单位。
- 计量单位组分为无换算率、固定换算率和浮动换算率 3 种类型。如果需要换算,一般将财务计价单位作为主计量单位。
- 计量单位可以根据需要随时增加。

4. 设置存货档案

操作步骤

(1) 在企业应用平台中,打开"基础设置"选项卡,执行"基础档案"|"存货"|"存货档案"命令,打开"存货档案"对话框。

(2) 单击存货分类中的"原料及主要材料",再单击"增加"按钮;录入存货编码"001",存货名称"钢材";单击"计量单位组"栏的参照按钮,选择"01-基本计量单位";单击"主计量单位"栏的参照按钮,选择"1-吨";单击选中"外购"和"生产耗用"复选框,如图 7-6 所示。

图 7-6 增加存货档案

(3) 单击"保存"按钮,以此方法继续录入其他的存货档案,录入完成后如图 7-7 所示。

图 7-7 存货档案列表

提示

- 存货档案在企业应用平台中录入。如果只启用财务系统且并不在应收、应付系统中填制发票则不需要设置存货档案。

- 在录入存货档案时, 如果存货类别不符合要求应重新进行选择。

- 在录入存货档案时, 如果直接列示的计量单位不符合要求, 应先将不符合要求的计量单位删除, 再单击参照按钮就可以在计量单位表中重新选择计量单位。

- 存货档案中的存货属性必须选择正确, 否则, 在填制相应单据时就不会在存货列表中出现。

- 存货档案中的有关成本资料可以在填制单据时列示; 如果不录入成本资料, 在单据中就不能自动列出存货的成本资料。

5. 增加结算方式

操作步骤

(1) 在企业应用平台中, 打开"基础设置"选项卡, 执行"基础档案"|"收付结算"|"结算方式"命令, 打开"结算方式"对话框。

(2) 单击"增加"按钮, 在"结算方式编码"栏录入"6", 在"结算方式名称"栏录入"商业承兑汇票", 单击"保存"按钮; 再在"结算方式编码"栏录入"7", 在"结算方式名称"栏录入"银行承兑汇票"后单击"保存"按钮。

(3) 单击"退出"按钮。

6. 设置开户银行

操作步骤

(1) 在企业应用平台中, 打开"基础设置"选项卡, 执行"基础档案"|"收付结算"|"本单位开户银行"命令, 打开"本单位开户银行"窗口。

(2) 单击"增加"按钮, 打开"增加本单位开户银行"对话框。

(3) 在"增加本单位开户银行"对话框的"编码"栏录入"1", 在"银行账号"栏录入"001-23456789", 在"币种"栏选择"人民币", 在"开户银行"栏录入"工行北京支行花园路办事处", 在"所属银行编码"栏中选择"01-中国工商银行", 如图 7-8 所示。

图 7-8　设置开户银行

(4) 单击"保存"按钮，再单击"退出"按钮退出。

提示

● 银行账号必须为 12 位。

● 如果不设置开户银行，在填制销售发票后不能保存。

7. 设置收发类别和销售类型

操作步骤

(1) 退出"应收款系统"，启用"销售管理"模块，在企业应用平台中，打开"基础设置"选项卡，执行"基础档案"|"业务"|"收发类别"命令，打开"收发类别"对话框。按实验资料表 7-4 录入信息后退出。

(2) 执行"基础档案"|"业务"|"销售类型"命令，打开"销售类型"对话框。按实验资料表 7-5 录入信息。

(3) 停用"销售管理"模块。

8. 单据编号设置

操作步骤

(1) 在企业应用平台中，执行"基础设置"|"单据设置"|"单据编号设置"命令，打开"单据编号设置"对话框。

(2) 执行左侧"单据类型"下的"销售管理"|"销售专用发票"命令，打开"单据编号设置-[销售专用发票]"对话框。

(3) 在"单据编号设置-[销售专用发票]"对话框中，单击"修改"按钮，选中"手工改动，重号时自动重取"复选框，如图 7-9 所示。

(4) 单击"保存"按钮，再单击"退出"按钮退出。

(5) 同理，设置应收款管理中的"其他应收单"和"收款单"，其编号允许手工修改。

图 7-9　单据编号设置

提示

- 如果不在"单据编号设置"中设置"手工改动，重号时自动重取"，则在填制这一单据时其编号由系统自动生成而不允许手工修改。
- 在单据编号设置中还可以设置"完全手工编号"及"按收发标志流水"等。

9. 设置基本科目

操作步骤

(1) 修改相关会计科目受控系统为"应收系统"(见提示)，在应收款管理系统中，执行"设置"|"初始设置"命令，打开"初始设置"对话框。

(2) 执行"设置科目"|"基本科目设置"命令，录入或选择应收科目本币为"1122"及其他的基本科目，如图 7-10 所示。

图 7-10　基本科目设置

(3) 单击"退出"按钮。

提示

- 在基本科目设置中所设置的应收科目"1122 应收账款"、预收科目"2203 预收账款"及"1121 应收票据",应在总账系统中设置其辅助核算内容为"客户往来",并且其受控系统为"应收系统",否则在此不能被选中。
- 只有在此设置了基本科目,在生成凭证时才能直接生成凭证中的会计科目,否则凭证中将没有会计科目,相应的会计科目也只能手工再录入。
- 如果应收科目、预收科目按不同的客户或客户分类分别进行设置,则可在"控制科目设置"中进行设置,在此可以不设置。
- 如果针对不同的存货分别设置销售收入核算科目,则在此不用设置,可以在"产品科目设置"中进行设置。

10. 结算方式科目

操作步骤

(1) 在应收款管理系统中,执行"设置"|"初始设置"|"结算方式科目设置"命令,打开"初始设置—结算方式科目设置"窗口。

(2) 单击"结算方式"栏的下三角按钮,选择"现金";单击"币种"栏,选择"人民币";在"科目"栏录入或选择"1001",然后按"Enter"键。以此方法继续录入其他的结算方式科目,如图 7-11 所示。

结算方式	币　种	本单位账号	科　目
1 现金	人民币		1001
2 现金支票	人民币		100201
3 转账支票	人民币		100201
4 信汇	人民币		100201
5 电汇	人民币		100201

图 7-11　设置其他结算方式科目

(3) 单击"退出"按钮退出。

提示

- 结算方式科目设置是针对已经设置的结算方式来设置相应的结算科目。即在收款或付款时只要告诉系统结算时使用的结算方式,就可以由系统自动生成该种结算方式所使用的会计科目。
- 如果在此不设置结算方式科目,则在收款或付款时可以手工输入不同结算方式所对应的会计科目。

11. 设置坏账准备

操作步骤

(1) 在应收款管理系统中，执行"设置"|"初始设置"|"坏账准备设置"命令，打开"坏账准备设置"对话框，录入提取比率"0.5"，坏账准备期初余额"0"，坏账准备科目"1231"，坏账准备对方科目"6701"，如图 7-12 所示。

图 7-12 坏账准备设置

(2) 单击"确定"按钮，弹出"存储完毕"信息提示对话框，再单击"确定"按钮。

提示

- 如果在选项中并未选中坏账处理的方式为"应收余额百分比法"，则在此处就不能录入"应收余额百分比法"所需要的初始设置，即此处的初始设置是与选项中所选择的坏账处理方式相对应的。

- 坏账准备的期初余额应与总账系统中所录入的坏账准备的期初余额相一致，但是，系统没有坏账准备期初余额的自动对账功能，只能人工核对。坏账准备的期初余额如果在借方，则用"−"号表示。如果没有期初余额，应将期初余额录入为"0"，否则，系统将不予确认。

- 坏账准备期初余额被确认后，只要进行了坏账准备的日常业务处理就不允许再修改。下一年度使用本系统时，可以修改提取比率、区间和科目。

- 如果在系统选项中默认坏账处理方式为直接转销，则不用进行坏账准备设置。

12. 设置账龄区间

操作步骤

(1) 在应收款管理系统中，执行"设置"|"初始设置"|"账期内账龄区间设置"命令，打开"初始设置"对话框。

(2) 在"总天数"栏录入"10"后按"Enter"键，再在"总天数"栏录入"30"后按"Enter"键。以此方法继续录入其他的总天数，如图 7-13 所示。

图 7-13　账龄区间设置

(3) 以同样的方法录入"逾期账龄区间设置"。

(4) 单击"退出"按钮退出。

提示

● 序号由系统自动生成，不能修改和删除。总天数直接输入截止该区间的账龄总天数。

● 最后一个区间不能修改和删除。

13. 设置报警级别

操作步骤

(1) 在应收款管理系统中，执行"设置"|"初始设置"命令，打开"初始设置"对话框。

(2) 在"初始设置"对话框中，单击"报警级别设置"选项，在"总比率"栏录入"10"，在"级别名称"栏录入"A"，然后按"Enter"键。以此方法继续录入其他的总比率和级别，如图 7-14 所示。

图 7-14　报警级别设置

(3) 单击"退出"按钮退出。

提示

● 序号由系统自动生成，不能修改和删除。应直接输入该区间的最大比率及级别名称。

● 系统会根据输入的比率自动生成相应的区间。

- 单击"增加"按钮，可以在当前级别之前插入一个级别。插入一个级别后，该级别后的各级别比率会自动调整。

- 删除一个级别后，该级别后的各级比率会自动调整。

- 最后一个级别为某一比率之上，所以在"总比率"栏不能录入比率，否则将不能退出。

- 最后一个比率不能删除，如果录入错误则应先删除上一级比率，再修改最后一级比率。

14. 录入期初销售发票

操作步骤

(1) 在应收款管理系统中，执行"设置"|"期初余额"命令，打开"期初余额—查询"对话框。

(2) 单击"确定"按钮，打开"期初余额"窗口。

(3) 单击"增加"按钮，打开"单据类别"对话框。

(4) 选择单据名称为"销售发票"，单据类型为"销售专用发票"，然后单击"确定"按钮，打开"销售专用发票"对话框。

(5) 单击"增加"按钮，修改开票日期为"2015-11-12"，录入发票号"78987"；在"客户名称"栏录入"01"，或单击"客户名称"栏的参照按钮，选择"天益公司"，系统会自动显示客户相关信息；在"税率"栏录入"17"；在"科目"栏录入"1122"，或单击"科目"栏的参照按钮，选择"1122 应收账款"；在"货物编号"栏录入"005"，或单击"货物名称"栏的参照按钮，选择"甲产品"；在"数量"栏录入"3"，在"无税单价"栏录入"2 000"，如图 7-15 所示。

图 7-15　录入销售专用发票

(6) 单击"保存"按钮。以此方法继续录入第 2 张和第 3 张销售专用发票。

提示

- 在初次使用应收款系统时，应将启用应收款系统时未处理完的所有客户的应收账款、预收账款、应收票据等数据录入到本系统。当进入第二年度时，系统会自动将上年度未处理完的单据转为下一年度的期初余额。在下一年度的第一会计期间里，可以进行期初余额的调整。
- 如果退出了录入期初余额的单据，在"期初余额明细表"窗口中并没有看到新录入的期初余额，应单击"刷新"按钮，就可以列示所有的期初余额的内容。
- 在录入期初余额时一定要注意期初余额的会计科目，比如第 3 张销售发票的会计科目为"1121"，即应收票据。应收款系统的期初余额应与总账进行对账，如果科目错误将会导致对账错误。
- 如果并未设置允许修改销售专用发票的编号，则在填制销售专用发票时不允许修改销售专用发票的编号。其他单据的编号也一样，系统默认的状态为不允许修改。

15. 录入期初其他应收单

操作步骤

(1) 在应收款管理系统中，执行"设置"|"期初余额"命令，打开"期初余额—查询"对话框。

(2) 单击"确定"按钮，打开"期初余额"窗口。

(3) 单击"增加"按钮，打开"单据类别"对话框。

(4) 单击"单据名称"栏的下三角按钮，选择"应收单"，如图 7-16 所示。

(5) 单击"确定"按钮，打开"应收单"对话框。

(6) 单击"增加"按钮，修改单据日期为"2015-11-22"；在"客户名称"栏录入"04"，或单击"客户"栏的参照按钮，选择"明兴公司"，系统会自动显示相关信息；在"金额"栏录入"500"，在"摘要"栏录入"代垫运费"，如图 7-17 所示。

图 7-16　选择"应收单"单据类别　　　　　图 7-17　录入应收单

(7) 单击"保存"按钮。

提示

- 在录入应收单时只需录入表格上半部分的内容，表格下半部分的内容由系统自动生成。
- 应收单中的会计科目必须录入正确，否则将无法与总账进行对账。

16. 录入预收款单

操作步骤

(1) 在"期初余额明细表"中，单击"增加"按钮，打开"单据类别"对话框。

(2) 单击"单据名称"栏的下三角按钮，选择"预收款"，如图 7-18 所示。

(3) 单击"确定"按钮，打开"收款单"对话框。

(4) 单击"增加"按钮，修改日期为"2015-11-26"；在"客户"栏录入"06"，或单击"客户"栏的参照按钮，选择"伟达公司"；在"结算方式"栏录入"5"，或单击"结算方式"栏的参照按钮，选择"电汇"；在"金额"栏录入"30 000"，在"摘要"栏录入"预收货款"；在收款单下半部分中的"科目"栏录入"2203"，或单击"科目"栏的参照按钮，选择"2203 预收账款"，如图 7-19 所示。

图 7-18　选择单据名称　　　　　　　　图 7-19　录入期初预收款

(5) 单击"保存"按钮，单击"退出"按钮退出。

提示

录入预收款的单据类型仍然是"收款单"，但是款项类型为"预收款"。

17. 应收款系统与总账系统对账

操作步骤

(1) 在"期初余额明细表"窗口中，单击"对账"按钮，打开"期初对账"选项卡，如图 7-20 所示。

科目		应收期初		总账期初		差额	
编号	名称	原币	本币	原币	本币	原币	本币
1121	应收票据	1,170.00	1,170.00	1,170.00	1,170.00	0.00	0.00
1122	应收账款	14,540.00	14,540.00	14,540.00	14,540.00	0.00	0.00
2203	预收账款	-30,000.00	-30,000.00	-30,000.00	-30,000.00	0.00	0.00
	合计		-14,290.00		-14,290.00		0.00

图 7-20　期初对账

(2) 单击“退出”按钮退出。

提示

● 当完成全部应收款期初余额录入后,应通过对账功能将应收系统期初余额与总账系统期初余额进行核对。

● 当保存了期初余额的结果后,或在第二年使用需要调整期初余额时可以进行修改。当第一个会计期已结账后,期初余额只能查询不能再修改。

● 期初余额所录入的票据保存后自动审核。

● 应收款系统与总账系统对账,必须在总账与应收系统同时启用后才可以进行。

18. 账套备份

在“D:\300 账套备份”文件夹中新建“(7-1)应收初始化”文件夹,将账套输出至“(7-1)应收初始化”文件夹中。

实验二　单 据 处 理

实验准备

已经完成了第 7 章实验一的操作。可以引入已完成实验一“(7-1)应收初始化”的账套备份数据,或引入光盘中的“实验账套\(7-1)应收初始化”。将系统日期修改为“2016 年 1 月 31 日”,注册进入应收款管理系统。

实验要求

● 录入应收单据、收款单据

● 修改应收单据、收款单据

- 核销收款单据
- 2016 年 1 月 25 日，审核本月录入的应收单据、收款单据
- 对应收单据、收款单据进行账务处理
- 账套备份

实验资料

(1) 2016 年 1 月 15 日，向天益公司销售甲产品 2 台，无税单价为 1 900 元，增值税率为 17%(销售专用发票号码：5678900)。

(2) 2016 年 1 月 15 日，向伟达公司销售甲产品 5 台，无税单价为 1 980 元，增值税率为 17%(销售专用发票号码：5678988)。

(3) 2016 年 1 月 16 日，向上海邦立公司销售乙产品 2 台，无税单价为 510 元，增值税率为 17%(销售专用发票号码：5678901)，并以转账支票代垫运费 120 元。

(4) 2016 年 1 月 16 日，向天益公司销售乙产品 1 台，无税单价为 520 元，增值税率为 17%(销售专用发票号码：5678902)，并以现金代垫运费 120 元。

(5) 2016 年 1 月 18 日，发现 2016 年 1 月 16 日所填制的向上海邦立公司销售乙产品 2 台，无税单价为 510 元，增值税率为 17%的"5678901"号销售专用发票中的无税单价应为 512 元。

(6) 2016 年 1 月 18 日，发现 2016 年 1 月 15 日，向天益公司销售甲产品 2 台，无税单价为 1 900 元，增值税率为 17%的"5678900"号销售专用发票填制错误应删除。

(7) 2016 年 1 月 22 日，收到银行通知，收到上海邦立公司以信汇方式支付购买乙产品 2 台，货税款及代垫运费款 1 318.08 元。

(8) 2016 年 1 月 22 日，收到天益公司交来转账支票一张，支付销售乙产品 1 台的货税款及代垫费用款 668.4 元。

(9) 2016 年 1 月 23 日，发现 2016 年 1 月 22 日所填制的收到上海邦立公司销售乙产品 2 台的货税款 1 318.08 元应为 1 500 元。

(10) 2016 年 1 月 23 日，发现 2016 年 1 月 22 日所填制的收到天益公司交来转账支票款 668.4 元有错误，需删除该张收款单。

实验指导

1. 填制第 1 笔业务的销售专用发票

操作步骤

(1) 在应收款管理系统中，执行"应收单据处理"|"应收单据录入"命令，打开"单

据类别"对话框。

(2) 确认"单据名称"栏为"销售发票","单据类型"栏为"销售专用发票"后，单击"确定"按钮，并打开"销售专用发票"对话框。

(3) 单击"增加"按钮，录入发票号"5678900"，修改开票日期为"2016-01-15"；在"销售类型"栏录入"01"，或单击"销售类型"栏的参照按钮，选择"经销"；在"客户简称"栏录入"01"，或单击"客户简称"栏的参照按钮，选择"天益公司"；在"存货编码"栏录入"005"，或单击"存货名称"栏的参照按钮，选择"甲产品"；在"数量"栏录入"2"，在"无税单价"栏录入"1 900"，如图 7-21 所示。

图 7-21　录入销售专用发票

(4) 单击"保存"按钮，再单击"增加"按钮，继续录入第 2 笔和第 3 笔业务的销售专用发票。

提示

- 销售发票与应收单是应收款管理系统日常核算的单据。如果应收款系统与销售系统集成使用，销售发票和代垫费用在销售管理系统中录入，在应收款系统中可以对这些单据进行查询、核销、制单等操作。此时应收款系统需要录入的只限于应收单。
- 如果没有使用销售系统，则所有发票和应收单均需在应收款系统中录入。
- 在不启用供应链的情况下，在应收款系统中只能对销售业务的资金流进行会计核算，即可以进行应收款、已收款以及收入实现情况的核算；而其物流的核算，即存货出库成本的核算还需在总账系统中手工进行结转。
- 已审核的单据不能修改或删除，已生成凭证或进行过核销的单据在单据界面中不再显示。

- 在录入销售发票后可以直接进行审核，在直接审核后系统会提示"是否立即制单"，此时可以直接制单。如果录入销售发票后不直接审核，可以在审核功能中审核，再到制单功能中制单。
- 已审核的单据在未进行其他处理之前需取消审核后再进行修改。

2. 填制第3笔业务的应收单

操作步骤

(1) 在应收款管理系统中，执行"应收单据处理"|"应收单据录入"命令，打开"单据类别"对话框。单击"单据名称"栏的下三角按钮，选择"应收单"。单击"确定"按钮，打开"应收单"对话框。

(2) 单击"增加"按钮，修改单据日期为"2016-01-16"，在"客户"栏录入"03"，或单击"客户"栏的参照按钮，选择"邦立公司"；在"本币金额"栏录入"120"，在"摘要"栏录入"代垫运费"；在下半部分的"科目"栏录入"100201"，或单击"科目"栏的参照按钮，选择"100201 工行存款"，如图7-22所示。

图7-22 填写应收单

(3) 单击"保存"按钮，再单击"退出"按钮，继续录入第4笔业务的增值税专用发票及其他应收单。

提示

- 在填制应收单时，只需录入上半部分的内容，下半部分的内容除对方科目外均由系统自动生成。下半部分的对方科目如果不录入可以在生成凭证后再手工录入。
- 应收单和销售发票一样可以在保存后直接审核，也可以在"应收单据审核"功能中进行审核。如果直接审核系统会问是否制单，如果在审核功能中审核则只能到制单功能中制单。

- 如果同时使用销售系统，在应收款系统中只能录入应收单而不能录入销售发票。

3. 修改销售专用发票

操作步骤

(1) 在应收款管理系统中，执行"应收单据处理"|"应收单据录入"命令，打开"单据类别"对话框。

(2) 单击"确定"按钮，打开"销售专用发票"对话框。

(3) 单击"上张"或"下张"按钮，找到"5678901"号销售专用发票。

(4) 单击"修改"按钮，将无税单价修改为"512"，如图 7-23 所示。

图 7-23　修改销售专用发票

(5) 单击"保存"按钮，再单击"退出"按钮退出。

提示

- 因为在打开"销售专用发票"对话框时，系统是处在增加状态，如果想查找某一张销售专用发票则应放弃当前的增加操作，进入查询状态，否则将不能翻页。
- 销售发票被修改后必须保存。保存的销售发票在审核后才能制单。

4. 删除销售专用发票

操作步骤

(1) 在应收款管理系统中，执行"应收单据处理"|"应收单据录入"命令，打开"单据类别"对话框。

(2) 单击"确定"按钮，打开"销售专用发票"对话框。

(3) 单击"上张"或"下张"按钮，找到"5678900"号销售专用发票。

(4) 单击"删除"按钮，系统提示"单据删除后不能恢复，是否继续？"，如图 7-24 所示。

图 7-24   应收款管理单据删除提示信息

(5) 单击"是"按钮，再单击"退出"按钮退出。

5. 审核应收单据

操作步骤

(1) 在应收款管理系统中，执行"应收单据处理"|"应收单据审核"命令，打开"单据过滤条件"对话框。

(2) 单击"确定"按钮，打开"应收单据列表"窗口。

(3) 在"应收单据列表"窗口中，单击"全选"按钮，如图 7-25 所示。

消息中心	单据处理							▼ ×

应收单据列表

记录总数: 5

选择	审核人	单据日期	单据类型	单据号	客户名称	部门	业务员	制单人
Y		2016-01-15	销售专用发票	5678988	石家庄伟达公司	销售二科	韩乐乐	周健
Y		2016-01-16	其他应收单	0000000002	上海邦立公司	销售一科	刘红	周健
Y		2016-01-16	其他应收单	0000000003	北京天益公司	销售一科	刘红	周健
Y		2016-01-16	销售专用发票	5678901	上海邦立公司	销售一科	刘红	周健
Y		2016-01-16	销售专用发票	5678902	北京天益公司	销售一科	刘红	周健
合计								

图 7-25   应收单据列表

(4) 单击"审核"按钮，系统提示"本次审核成功单据 5 张"。

(5) 单击"确定"按钮，再单击"退出"按钮退出。

6. 制单

操作步骤

(1) 在应收款管理系统中，执行"制单处理"命令，打开"制单查询"对话框。

(2) 在"制单查询"对话框中，单击选中"应收单制单"和"发票制单"复选框，如图 7-26 所示。

(3) 单击"确定"按钮，打开"应收制单"对话框。

(4) 单击"全选"按钮，单击"凭证类别"栏的下三角按钮，选择"转账凭证"，如图 7-27 所示。

图 7-26 "制单查询"对话框

图 7-27 "应收制单"对话框

(5) 单击"制单"按钮，生成第 1 张转账凭证。

(6) 单击"保存"按钮，如图 7-28 所示。

图 7-28 生成应收转账凭证

(7) 单击"下张"按钮，修改相关信息，保存凭证后退出。

提示

- 在"制单查询"对话框中，系统已默认制单内容为"发票制单"，如果需要选中其他内容制单，可以选中要制单内容前的复选框。

- 如果所选择的凭证类型错误，可以在生成凭证后再修改。

- 在以上例子中，由应收单所生成的凭证，其贷方是"现金"或"银行存款"，则应修改凭证类别为"付款凭证"，否则系统将不予保存。

- 凭证一经保存就传递到总账系统，再在总账系统中进行审核和记账等。

7. 填制收款单

操作步骤

(1) 在应收款管理系统中，执行"收款单据处理"|"收款单据录入"命令，打开"收款单"对话框。

(2) 单击"增加"按钮。修改开票日期为"2016-01-22"；在"客户"栏录入"03"，或单击"客户"栏的参照按钮，选择"邦立公司"；在"结算方式"栏录入"4"，或单击"结算方式"栏的下三角按钮，选择"信汇"；在"金额"栏录入"1318.08"，在"摘要"栏录入"收到货款及运费"，如图 7-29 所示。

图 7-29　填制收款单

(3) 单击"保存"按钮，再单击"增加"按钮，继续录入第 2 张收款单。

提示

- 在单击收款单的"保存"按钮后，系统会自动生成收款单表体的内容。

- 表体中的款项类型系统默认为"应收款"，可以修改。款项类型还包括"预收款"

和"其他费用"。

● 若一张收款单中，表头客户与表体客户不同，则视表体客户的款项为代付款。

● 在填制收款单后，可以直接单击"核销"按钮进行单据核销的操作。

● 如果是退款给客户，则可以单击"切换"按钮，填制红字收款单。

8. 修改收款单

操作步骤

(1) 在应收款管理系统中，执行"收款单据处理"|"收款单据录入"命令，打开"收款单"对话框。

(2) 单击"下张"按钮，找到要修改的"收款单"，在要修改的"收款单"中，单击"修改"按钮，将金额修改为"1 500"。

(3) 单击"保存"按钮，再单击"退出"按钮退出。

提示

收款单表头和表体中的金额都要修改。

9. 删除收款单

操作步骤

(1) 在应收款管理系统中，执行"收款单据处理"|"收款单据录入"命令，打开"收款单"对话框。

(2) 单击"下张"按钮，找到要删除的收款单。

(3) 单击"删除"按钮，系统提示"单据删除后不能恢复，是否继续？"。

(4) 单击"是"按钮。

10. 审核收款单

操作步骤

(1) 在应收款管理系统中，执行"收款单据处理"|"收款单据审核"命令，打开"收款单过滤条件"对话框。

(2) 单击"确定"按钮，打开"收付款单列表"窗口。

(3) 单击"全选"按钮。

(4) 单击"审核"按钮，系统提示"本次审核成功单据 1 张"。

(5) 单击"确定"按钮，再单击"退出"按钮退出。

11. 核销收款单

操作步骤

(1) 在应收款管理系统中，执行"核销处理"|"手工核销"命令，打开"核销条件"

对话框。

(2) 在"客户栏"中录入"03",或单击"客户"栏的参照按钮,选择"邦立公司"。

(3) 单击"确定"按钮,打开"单据核销"对话框。在"单据核销"对话框中,将上半部分的"本次结算金额"栏的数据修改为"1 318.08";在下半部分的"本次结算"栏的第 1 行录入"120",在第 2 行录入"1 198.08",如图 7-30 所示。

消息中心	单据核销									
单据日期	单据类型	单据编号	客户	款项类型	结算方式	币种	汇率	原币金额	原币余额	本次结算金额
2016-01-22	收款单	0000000002	邦立公司	应收款	信汇	人民币	1.00000000	1,500.00	1,500.00	1,318.08
合计								1,500.00	1,500.00	1,318.08

单据类型	单据编号	到期日	客户	币种	原币金额	原币余额	可享受折扣	本次折扣	本次结算
其他应收单	0000000002	2016-01-16	邦立公司	人民币	120.00	120.00	0.00	0.00	120.00
销售专…	5678901	2016-01-16	邦立公司	人民币	1,198.08	1,198.08	0.00	0.00	1,198.08
					1,318.08	1,318.08	0.00		1,318.08

图 7-30 单据核销

(4) 单击"保存"按钮,再单击"退出"按钮退出。

提示

- 在保存核销内容后,"单据核销"对话框中将不再显示已被核销的内容。
- 结算单列表显示的是款项类型为"应收款"和"预收款"的记录,而款项类型为"其他费用"的记录不允许在此作为核销记录。
- 核销时,结算单列表中款项类型为"应收款"的记录,其默认本次结算金额为该记录上的原币金额;款项类型为"预收款"的记录默认的本次结算金额为空。核销时可以修改本次结算金额,但是不能大于该记录的原币金额。
- 在结算单列表中,单击"分摊"按钮,系统将当前结算单列表中的本次结算金额合计自动分摊到被核销单据列表的"本次结算"栏中。核销顺序依据被核销单据的排序顺序。
- 手工核销时一次只能显示一个客户的单据记录,且结算单列表根据表体记录明细显示。当结算单有代付处理时,只显示当前所选客户的记录。若需要对代付款进行处理,则需要在过滤条件中输入该代付单位后进行核销。
- 一次只能对一种结算单类型进行核销,即手工核销的情况下需要将收款单和付款单分开核销。
- 手工核销保存时,若结算单列表的本次结算金额大于或小于被核销单据列表的本次结算金额合计,系统将提示结算金额不相等,不能保存。

● 若发票中同时存在红蓝记录，则核销时先进行单据的内部对冲。

● 如果核销后未进行其他处理，可以在期末处理的"取消操作"功能中取消核销操作。

12. 制单

操作步骤

(1) 在应收款管理系统中，执行"制单处理"命令，打开"制单查询"对话框。

(2) 在"制单查询"对话框中，选中"收付款单制单"复选框，如图 7-31 所示。

图 7-31　"制单查询"对话框

(3) 单击"确定"按钮，进入"制单"窗口。

(4) 在"制单"窗口中，单击"全选"按钮，如图 7-32 所示。

图 7-32　"制单"窗口

(5) 单击"制单"按钮，生成记账凭证。

(6) 单击"保存"按钮，系统提示赤字，单击"确定"按钮，结果如图 7-33 所示。

图 7-33　生成收款凭证

(7) 单击"退出"按钮退出。

提示

● 如果在"制单查询"对话框中，选中"收付款单制单"后，再取消选中"发票制单"选项，则会打开"收付款单制单"窗口。如果不取消"发票制单"选项，虽然制单窗口显示的是"应收制单"，但两种待制的单据都会显示出来。

● 在制单功能中还可以根据需要进行合并制单。

13. 账套备份

在"D:\300 账套备份"文件夹中新建"(7-2)单据处理"文件夹，将账套输出至"(7-2)单据处理"文件夹中。

实验三　票 据 管 理

实验准备

已经完成了第 7 章实验二的操作。可以引入已完成实验二"(7-2)单据处理"的账套备份数据，或引入光盘中的"实验账套\(7-2)单据处理"。将系统日期修改为"2016 年 1 月 31 日"，注册后进入应收款管理系统。

实验要求

- 填制商业承兑汇票，暂不制单
- 结算商业承兑汇票并制单
- 商业承兑汇票贴现并制单
- 制单
- 账套备份

实验资料

(1) 2016 年 1 月 2 日，收到北京天益公司签发并承兑的商业承兑汇票一张(NO.345612)，面值为 7 020 元，到期日为 2016 年 3 月 2 日。

(2) 2016 年 1 月 3 日，收到明兴公司签发并承兑的商业承兑汇票一张(NO.367809)，面值为 7 020 元，到期日为 2016 年 1 月 23 日。

(3) 2016 年 1 月 23 日，将 2016 年 1 月 3 日收到的明兴公司签发并承兑的商业承兑汇票(NO.367809)进行结算。

(4) 2016 年 1 月 31 日，将 2016 年 1 月 2 日收到的北京天益公司签发并承兑的商业承兑汇票(NO.345612)到银行贴现，贴现率为 6%。

实验指导

1. 填制商业汇票

操作步骤

(1) 在应收款管理系统中，执行"票据管理"命令，打开"过滤条件选择"对话框。

(2) 单击"过滤"按钮，打开"票据管理"窗口。

(3) 单击"增加"按钮。单击"票据类型"参照按钮，选择"商业承兑汇票"；在"票据编号"栏录入"345612"；单击"结算方式"栏的下三角按钮，选择"商业承兑汇票"；在"收到日期"栏选择"2016-01-02"，在"出票日期"栏选择"2016-01-02"，在"到期日"栏选择"2016-03-02"；在"出票人"栏录入"01"，或单击"出票人"栏的参照按钮，选择"北京天益公司"；在"金额"栏录入"7 020"，在"票据摘要"栏录入"收到商业承兑汇票"，如图 7-34 所示。

图 7-34 填制商业汇票

(4) 单击"保存"按钮，返回"票据管理"对话框。以此方法继续录入第 2 张商业承兑汇票。

提示

● 在实际工作中可以根据需要随时增加需要的结算方式。

● 保存一张商业票据之后，系统会自动生成一张收款单。这张收款单还需经过审核之后才能生成记账凭证。

● 由票据生成的收款单不能修改。

● 在"票据管理"功能中可以对商业承兑汇票和银行承兑汇票进行日常业务处理，包括票据的收入、结算、贴现、背书、转出及计息等。

● 商业承兑汇票不能有承兑银行，银行承兑汇票必须有承兑银行。

2. 商业承兑汇票的结算

操作步骤

(1) 在"票据管理"窗口中，双击选中 2016 年 1 月 3 日填制的收到明兴公司签发并承兑的商业承兑汇票(NO.367809)。

(2) 单击"结算"按钮，打开"票据结算"对话框。修改结算日期为"2016-01-23"，录入结算金额"7 020"；在"结算科目"栏录入"100201"，或单击"结算科目"栏的参照按钮，选择"100201 工行存款"，如图 7-35 所示。

图 7-35　设置票据结算信息

(3) 单击"确定"按钮，出现"是否立即制单"提示。

(4) 单击"是"按钮后生成结算的记账凭证，单击"保存"按钮，结果如图 7-36 所示。

图 7-36　生成票据结算记账凭证

(5) 单击"退出"按钮退出。

提示

- 当票据到期持票收款时，执行票据结算处理。
- 进行票据结算时，结算金额应是通过结算实际收到的金额。
- 结算金额减去利息加上费用的金额要小于或等于票据余额。
- 票据结算后，不能再进行其他与票据相关的处理。

3. 商业承兑汇票的贴现

操作步骤

(1) 在"票据管理"窗口中，双击选中 2016 年 1 月 2 日填制的商业承兑汇票，如

图 7-37 所示。

图 7-37 选中要贴现的商业承兑汇票

(2) 单击"贴现"按钮，打开"票据贴现"对话框。

(3) 在"贴现率"栏录入"6"；在"结算科目"栏录入"100201"，或单击"结算科目"栏的参照按钮，选择"100201 工行存款"，如图 7-38 所示。

图 7-38 "票据贴现"对话框

(4) 单击"确定"按钮，系统弹出"是否立即制单"信息提示框。

(5) 单击"是"按钮，生成贴现的记账凭证；修改相关凭证，单击"保存"按钮，如图 7-39 所示。单击"退出"按钮退出。

提示

● 如果贴现净额大于余额，系统自动将其差额作为利息，不能修改；如果贴现净额小于票据余额，系统自动将其差额作为费用，也不能修改。

● 票据贴现后，将不能对其进行其他处理。

图7-39 生成贴现记账凭证

4. 审核收款单

操作步骤

(1) 在应收款管理系统中,执行"收款单据处理"|"收款单据审核"命令,打开"收款单过滤条件"对话框。

(2) 单击"确定"按钮,打开"收付款单列表"对话框。

(3) 单击"全选"按钮,再单击"审核"按钮,系统弹出"本次审核成功单据[2]张"信息提示框,如图7-40所示。

图7-40 审核成功提示

(4) 单击"确定"按钮,在"审核人"栏出现了审核人的签字。

(5) 单击"退出"按钮退出。

提示

在票据保存后由系统自动生成了一张收款单,这张收款单应在审核后再生成记账凭证，才能完成应收账款转为应收票据的核算过程。

5. 制单

操作步骤

(1) 在应收款管理系统中，执行"制单处理"命令，打开"制单查询"对话框。

(2) 单击选中"收付款单制单"复选框。

(3) 单击"确定"按钮，打开"收付款单制单"窗口，单击"全选"按钮。

(4) 单击"制单"按钮，出现第 1 张记账凭证，修改凭证类别为"转账凭证"，单击"保存"按钮，保存第 1 张记账凭证。单击"下张"按钮，修改凭证类别为"转账凭证"，单击"保存"按钮，保存第 2 张记账凭证，如图 7-41 所示。

图 7-41　生成转账凭证

(5) 单击"退出"按钮退出。

6. 账套备份

在"D:\300 账套备份"文件夹中新建"(7-3)票据处理"文件夹，将账套输出至"(7-3)票据处理"文件夹中。

实验四　转账处理、坏账处理及其他

实验准备

已经完成了第 7 章实验三的操作。可以引入已完成实验三"(7-3)票据处理"的账套备份数据，或引入光盘中的"实验账套\(7-3)票据处理"。将系统日期修改为"2016 年 1 月 31 日"，注册进入应收款管理系统。

实验要求

- 应收冲应收暂不制单
- 预收冲应收暂不制单
- 红票对冲并制单
- 转账处理制单
- 账套备份

实验资料

(1) 2016 年 1 月 31 日，经三方同意，将 1 月 16 日形成的应向北京天益公司收取的货税款及代垫费用款 728.40 元转为向明兴公司的应收账款。

(2) 2016 年 1 月 31 日，经双方同意，将伟达公司 2016 年 1 月 22 日购买"甲产品"5 台的货税款 11 583 元用预收款进行冲抵。

(3) 2016 年 1 月 31 日，经双方同意，将期初余额中应向明兴公司收取的运费 500 元用红票冲抵。

实验指导

1. 将应收账款冲抵应收账款

操作步骤

(1) 在应收款管理系统中，执行"转账"|"应收冲应收"命令，打开"应收冲应收"对话框。

(2) 在"转出户"栏录入"01"，或单击"转出户"栏的参照按钮，选择"北京天益公司"；再在"转入户"栏录入"04"，或单击"转入户"栏的参照按钮，选择"明兴公司"。

(3) 单击"过滤"按钮。在第 1 行"并账金额"栏录入"608.40"，再在第 3 行"并账金额"栏录入"120"，如图 7-42 所示。

(4) 单击"确定"按钮，出现"是否立即制单"提示，单击"否"按钮，再单击"取消"按钮退出。

提示

- 每一笔应收款的转账金额不能大于其余额。
- 每次只能选择一个转入单位。

图 7-42　设置并账金额

2. 将预收账款冲抵应收账款

操作步骤

(1) 在应收款管理系统中，执行"转账"|"预收冲应收"命令，打开"预收冲应收"对话框。

(2) 在"客户"栏录入"06"，或单击"客户"栏的参照按钮，选择"伟达公司"。

(3) 单击"过滤"按钮，在"转账金额"栏录入"11 583"，如图 7-43 所示。

图 7-43　预收冲应收—录入预收转账金额

(4) 单击打开"应收款"选项卡，单击"过滤"按钮，在"转账金额"栏录入"11 583"，如图 7-44 所示。

图 7-44 预收冲应收—录入应收转账金额

(5) 单击"确定"按钮，出现"是否立即制单"提示，单击"否"按钮，再单击"退出"按钮。

提示

- 可以在输入转账总金额后单击"自动转账"按钮，系统会自动根据过滤条件进行成批的预收冲抵应收款的工作。
- 每一笔应收款的转账金额不能大于其余额。
- 应收款的转账金额合计应该等于预收款的转账金额合计。
- 如果是红字预收款和红字应收单进行冲销，要把过滤条件中的"类型"选为"付款单"。

3. 填制红字应收单并制单

操作步骤

(1) 在应收款管理系统中，执行"应收单据处理"|"应收单据录入"命令，打开"单据类别"对话框。

(2) 单击"单据名称"栏的下三角按钮，选择"应收单"；单击"方向"栏的下三角按钮，选择"负向"，如图 7-45 所示。

(3) 单击"确定"按钮，打开红字"应收单"对话框。单击"增加"按钮，在"客户"栏录入"04"，或单击"客户"栏的参照按钮，选择"明兴公司"；在"科目"栏录入"1122"，或单击"科目"栏的参照按钮选择"1122 应收账款"；在"金额"栏录入"500"。

(4) 单击"保存"按钮，再单击"审核"按钮，如图 7-46 所示。系统弹出"是否立即制单"信息提示对话框，单击"是"按钮，生成红字凭证。

图 7-45　设置单据类别

图 7-46　录入红字应收单

(5) 在红字凭证的第二行"科目名称"栏录入"100201"，或单击"科目"栏的参照按钮，选择"100201 工行存款"；选择结算方式"信汇"，单击"保存"按钮，如图 7-47所示。

图 7-47　生成红字付款凭证

(6) 单击"退出"按钮退出。

4. 红票对冲

操作步骤

(1) 在应收款管理系统中，执行"转账"|"红票对冲"|"手工对冲"命令，打开"红票对冲条件"对话框。

(2) 在"客户"栏录入"04"，或单击"客户"栏的参照按钮，选择"明兴公司"。

(3) 单击"确定"按钮，打开"红票对冲"对话框。

(4) 在"2015-11-22"所填制的其他应收单的"对冲金额"栏录入"500"，如图 7-48所示。

图 7-48　设置红票对冲

(5) 单击"保存"按钮，系统会自动将选中的红字应收单和蓝字应收单对冲完毕。

(6) 单击"退出"按钮退出。

提示

- 红票对冲可以实现客户的红字应收单据与其蓝字应收单据、收款单与付款单之间进行冲抵的操作。可以自动对冲或手工对冲。
- 自动对冲可以同时对多个客户依据对冲原则进行红票对冲，提高红票对冲的效率。
- 手工对冲只能对一个客户进行红票对冲，可以自行选择红票对冲的单据，提高红票对冲的灵活性。

5. 制单

操作步骤

(1) 在应收款管理系统中，执行"制单处理"命令，打开"制单查询"对话框。

(2) 分别单击选中"转账制单"和"并账制单"复选框，如图 7-49 所示。

图 7-49　"制单查询"对话框

(3) 单击"确定"按钮，打开"制单"对话框。单击"全选"按钮，再单击"凭证类别"栏的参照按钮，选择"转账凭证"，如图 7-50 所示。

图 7-50　设置应收制单

(4) 单击"制单"按钮，出现第 1 张记账凭证，修改相关信息，单击"保存"按钮，保存第 1 张记账凭证。单击"下张"按钮，单击"保存"按钮，保存第 2 张记账凭证，如图 7-51 所示。

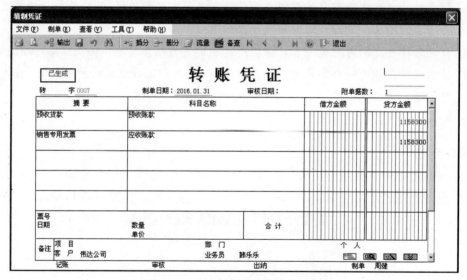

图 7-51　生成预收冲应收转账凭证

(5) 单击"退出"按钮退出。

6. 账套备份

在"D:\300 账套备份"文件夹中新建"(7-4)转账处理"文件夹，将账套输出至"(7-4)转账处理"文件夹中。

实验五　坏账处理、其他处理与查询

实验准备

已经完成了第 7 章实验四的操作。可以引入已完成实验四"(7-4)转账处理"的账套备份数据，或引入光盘中的"实验账套\(7-4)转账处理"。将系统日期修改为"2016 年 1 月 31 日"，注册进入应收款管理系统。

实验要求

- 处理坏账发生业务并制单
- 处理坏账收回业务并制单
- 查询发票
- 查询收付款单
- 查询并删除凭证
- 对全部客户进行包括所有条件的欠款分析
- 查询 2016 年 1 月的业务总账
- 查询应收账款科目余额表
- 取消对明兴公司的转账操作
- 将未制单的单据制单
- 结账
- 账套备份

实验资料

(1) 2016 年 1 月 24 日，将 1 月 16 日形成的应向明兴公司收取的应收账款 728.40 元(其中货款 608.40 元，代垫运费 120 元)转为坏账。

(2) 2016 年 1 月 31 日，收到银行通知(电汇)，收回已作为坏账处理的应向明兴公司收取的应收账款 728.40 元。

实验指导

1. 发生坏账

操作步骤

(1) 在应收款管理系统中，执行"坏账处理"|"坏账发生"命令，打开"坏账发生"对话框。

(2) 将日期修改为"2016-01-24",在"客户"栏录入"04",或单击"客户"栏的参照按钮,选择"明兴公司",如图 7-52 所示。

图 7-52 设置坏账信息

(3) 单击"确定"按钮,打开"坏账发生单据明细"对话框。

(4) 在"本次发生坏账金额"栏第 1 行录入"608.40",再在第 3 行录入"120",如图 7-53 所示。

(5) 单击"确定"按钮,出现"是否立即制单"提示;单击"确定"按钮,生成发生坏账的记账凭证;修改凭证类别为"转账凭证",单击"保存"按钮,如图 7-54 所示。

图 7-53 坏账发生单据明细

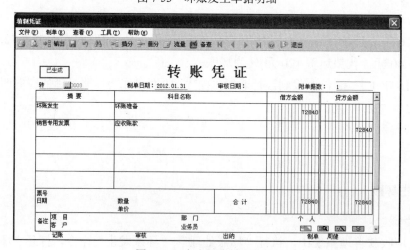

图 7-54 生成坏账转账凭证

（6）单击"退出"按钮退出。

提示

本次坏账发生金额只能小于或等于单据余额。

2. 填收款单

操作步骤

（1）在应收款管理系统中，执行"收款单据处理"|"收款单据录入"命令，打开"收款单"对话框。

（2）单击"增加"按钮。在"客户"栏录入"04"，或单击"客户"栏的参照按钮，选择"明兴公司"；在"结算方式"栏录入"5"，或单击"结算方式"栏的参照按钮，选择"电汇"；在"本币金额"栏录入"728.40"，在"摘要"栏录入"已做坏账处理的应收账款收回"。

（3）单击"保存"按钮，如图7-55所示。

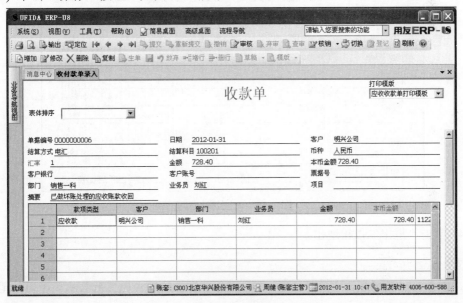

图 7-55　收款单

（4）单击"退出"按钮退出。

3. 坏账收回

操作步骤

（1）在应收款管理系统中，执行"坏账处理"|"坏账收回"命令，打开"坏账收回"对话框。

（2）在"客户"栏录入"04"，或单击"客户"栏的参照按钮，选择"明兴公司"；单击"结算单号"栏的参照按钮，选择"0000000006"结算单，如图7-56所示。

图 7-56　设置坏账收回信息

(3) 单击"确定"按钮，系统提示"是否立即制单"；单击"是"按钮，生成一张收款凭证，单击"保存"按钮，如图 7-57 所示。

图 7-57　收回坏账凭证

(4) 单击"退出"按钮退出。

提示

- 在录入一笔坏账收回的款项时，应该注意不要把该客户的其他收款业务与该笔坏账收回业务录入到一张收款单中。
- 坏账收回时，制单不受系统选项中"方向相反分录是否合并"选项的控制。

4. 查询 1 月份填制的所有销售专用发票

操作步骤

(1) 在应收款管理系统中，执行"单据查询"|"发票查询"命令，打开"发票查询"对话框。

(2) 单击"发票类型"栏的下三角按钮，选择"销售专用发票"。

(3) 单击"确定"按钮，打开"发票查询"窗口，如图 7-58 所示。

(4) 单击"退出"按钮退出。

图 7-58　"发票查询"窗口

提示

- 在"发票查询"功能中可以分别查询"已审核"、"未审核"、"已核销"及"未核销"的发票。还可以按"发票号"、"单据日期"、"金额范围"或"余额范围"等条件进行查询。

- 在"发票查询"窗口中，单击"查询"按钮，可以重新输入查询条件；单击"单据"按钮，可以调出原始单据卡片；单击"详细"按钮，可以查看当前单据的详细结算情况；单击"凭证"按钮，可以查询单据所对应的凭证；单击"栏目"按钮，可以设置当前查询列表的显示栏目、栏目顺序、栏目名称及排序方式，还可以保存设置内容。

5. 查询 1 月份所有的收款单

操作步骤

(1) 在应收款管理系统中，执行"单据查询"|"收付款单查询"命令，打开"收付款单查询"对话框，选择单据类型为"收款单"。

(2) 单击"确定"按钮，打开"收付款单查询"窗口，如图 7-59 所示。

图 7-59　"收付款单查询"窗口

(3) 单击"退出"按钮退出。

提示

● 在"收付款单查询"功能中可以分别查询"已核销"、"未核销"、"应收款"、"预收款"及"费用"的结算情况。还可以按"单据编号"、"金额范围"、"余额范围"或"单据日期"等条件进行查询。

● 在"收付款单查询"窗口中,也可以分别单击"查询"、"详细"、"单据"及"凭证"等按钮,查询到相应的内容。

6. 删除 1 月 23 日填制的收到明兴公司商业承兑汇票的记账凭证

操作步骤

(1) 在应收款管理系统中,执行"单据查询"|"凭证查询"命令,打开"凭证查询条件"对话框。

(2) 单击"业务类型"栏的下三角按钮,选择"票据处理制单";在"客户"栏输入"04"或单击"客户"栏的参照按钮,选择"明兴公司"。

(3) 单击"确定"按钮,打开"凭证查询"对话框。

(4) 单击选中"票据结算"记账凭证,如图 7-60 所示。

图 7-60 "凭证查询"对话框

(5) 单击"删除"按钮,系统弹出"确定要删除此凭证吗?"信息提示框。

(6) 单击"是"按钮。

(7) 单击"退出"按钮退出。

提示

● 在"凭证查询"功能中,可以查看、修改、删除或冲销由应收款系统生成并传递到总账系统中的记账凭证。

● 如果凭证已经在总账系统中记账,又需要对形成凭证的原始单据进行修改,则可以通过冲销方式冲销凭证,然后对原始单据进行其他操作后再重新生成凭证。

● 一张凭证被删除后,它所对应的原始单据及相应的操作内容可以重新制单。

● 只有未在总账系统中审核的凭证才能删除。如果已经在总账系统中进行了出纳签
字，应取消出纳签字后再进行删除操作。

7. 欠款分析

操作步骤

(1) 在应收款管理系统中，执行"账表管理"|"统计分析"|"欠款分析"命令，打开
"欠款分析"对话框。

(2) 选中所有条件，如图 7-61 所示。

图 7-61　"欠款分析"对话框

(3) 单击"确定"按钮，打开"欠款分析"窗口，如图 7-62 所示。

图 7-62　"欠款分析"窗口

(4) 单击"退出"按钮退出。

提示

● 在"统计分析"功能中，可以按定义的账龄区间，进行一定期间内应收款账龄分析、收款账龄分析、往来账龄分析，了解各个客户应收款周转天数、周转率，了解各个账龄区间内应收款、收款及往来情况，能及时发现问题，加强对往来款项动态的监督管理。

● 欠款分析是分析截止到一定日期，客户、部门或业务员的欠款金额，以及欠款组成情况。

8. 查询业务总账

操作步骤

(1) 在应收款管理系统中，执行"账表管理"|"业务账表"|"业务总账"命令，打开"应收总账表"对话框。

(2) 单击"过滤"按钮，打开"应收总账表"，如图 7-63 所示。

图 7-63　应收总账表

(3) 单击"退出"按钮退出。

提示

● 通过业务账表查询，可以及时地了解一定期间内期初应收款结存汇总情况、应收款发生和收款发生的汇总情况、累计情况及期末应收款结存汇总情况；还可以了解各个客户期初应收款结存明细情况、应收款发生、收款发生的明细情况、累计情况及期末应收款结存明细情况，及时发现问题，加强对往来款项的监督管理。

● 业务总账查询是对一定期间内应收款汇总情况的查询。在业务总账查询的"应收总账表"中不仅可以查询"本期应收"款、"本期收回"应收款及应收款的"余额"情况，还可以查询到应收款的"月回收率"及"年回收率"。

9. 查询科目余额表

操作步骤

(1) 在应收款管理系统中，执行"账表管理"|"科目账查询"|"科目余额表"命令，打开"客户往来科目余额表"对话框。

(2) 单击"确定"按钮，打开"客户分类余额表"，如图 7-64 所示。

(3) 单击"退出"按钮退出。

图 7-64　客户分类余额表

提示

● 科目账查询包括科目明细账和科目余额表。

● 科目余额表查询可以查询应收受控科目各个客户的期初余额、本期借方发生额合计、本期贷方发生额合计及期末余额。细分为科目余额表、客户余额表、三栏余额表、部门余额表、项目余额表、业务员余额表、客户分类余额表及地区分类余额表。

10. 取消转账操作

操作步骤

(1) 在应收款管理系统中，执行"其他处理"|"取消操作"命令，打开"取消操作条件"对话框。

(2) 在"客户"栏录入"04"，或单击"客户"栏的参照按钮，选择"明兴公司"；单击"操作类型"栏的下三角按钮，选择"红票对冲"，如图 7-65 所示。

图 7-65　设置取消操作条件

(3) 单击"确定"按钮，打开"取消操作"对话框。

(4) 双击"选择标志"栏，如图 7-66 所示。

图 7-66　"取消操作"对话框

(5) 单击"确认"按钮。

(6) 单击"退出"按钮退出。

提示

- 取消操作类型包括取消核销、取消坏账处理、取消转账、取消汇兑损益、取消票据处理及取消并账。

- 取消操作必须在未进行后序操作的情况下进行；如果已经进行了后序操作，则应在恢复后序操作后再取消操作。

11. 制单

操作步骤

(1) 在应收款管理系统中，执行"制单处理"命令，打开"制单查询"对话框。

(2) 单击选中"票据处理制单"，单击"确定"按钮，打开"票据处理制单"对话框。

(3) 单击"全选"按钮，如图 7-67 所示。

图 7-67　"票据处理制单"对话框

(4) 单击"制单"按钮，生成一张收款凭证。

(5) 在"收款凭证"第 1 行"科目名称"栏录入"100201"，或单击"科目名称"栏的参照按钮，选择"100201 工行存款"，选择结算方式为"商业承兑汇票"。

(6) 单击"保存"按钮，如图 7-68 所示。

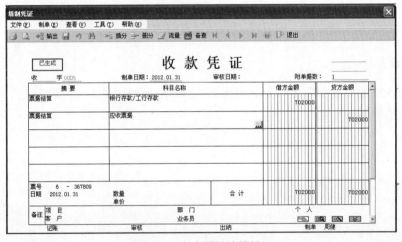

图 7-68　生成票据结算凭证

12. 结账

操作步骤

(1) 在应收款管理系统中，执行"期末处理"|"月末结账"命令，打开"月末处理"对话框。

(2) 双击一月份"结账标志"栏，如图 7-69 所示。

(3) 单击"下一步"按钮，打开月末处理情况表，如图 7-70 所示。

图 7-69　"月末处理"对话框

图 7-70　月末处理情况表

(4) 单击"完成"按钮，系统弹出"1 月份结账成功"信息提示框。

(5) 单击"确定"按钮。

提示

● 如果当月业务已经全部处理完毕，应进行月末结账。只有当月结账后，才能开始下月的工作。

● 进行月末处理时，一次只能选择一个月进行结账，若前一个月未结账，则本月不能结账。

● 在执行了月末结账后，该月将不能再进行任何处理。

13. 账套备份

在"D:\300 账套备份"文件夹中新建"(7-5)坏账处理、其他与查询"文件夹，将账套输出至该文件夹中。

第 8 章

应付款管理系统

功能概述

应付款管理系统主要实现企业与供应商之间业务往来账款的核算与管理。在应付款管理系统中，以采购发票、其他应付单等原始单据为依据，记录采购业务及其他业务所形成的往来款项，处理应付款项的支付和转账等情况，提供票据处理的功能，实现对应付款的管理。根据对供应商往来款项的核算和管理的程度不同，系统提供了"详细核算"和"简单核算"两种应用方案。不同的应用方案，其系统功能、产品接口及操作流程等均不相同。

详细核算应用方案的功能主要包括记录应付款项的形成(包括由商品交易和非商品交易所形成的所有的应付项目)、处理应付项目的付款及转账情况、对应付票据进行记录和管理、随应付项目的处理过程自动生成凭证并传递给总账系统、对外币业务及汇兑损益进行处理以及提供针对不同条件的各种查询和分析。

简单核算应用方案的功能主要包括接收采购系统的发票并对其进行审核，以及对采购发票进行制单处理并传递给总账系统。

实验目的与要求

系统学习应付款系统初始化的一般方法，学习应付款系统日常业务处理的主要内容和操作方法。要求掌握应付款系统与总账系统组合时应付款系统的基本功能和操作方法，熟悉应付款系统账簿查询的作用和基本方法。

教学建议

应付款系统的功能较为全面，而由于不同功能模块的组合将会使应付款系统的功能实现方式有所不同，因此，一定要在掌握应付款系统的基本功能后，再系统学习不同模块组合时应付款系统录入数据或接收数据的方法及相应的账务处理。

建议本章讲授 4 课时，上机练习 4 课时。

实验一　应付款管理系统初始化

实验准备

将系统日期修改为"2016 年 1 月 31 日"。引入光盘"(7-1)应收初始化"账套备份数据，以"001 周健"的身份注册进入企业应用平台，启用应付款管理系统。

实验要求

- 设置系统参数
- 初始设置
- 设置科目
- 逾期账龄区间设置
- 报警级别设置
- 设置单据编号方式录入期初余额并与总账系统进行对账
- 账套备份

实验资料

1. 300 账套应付款系统的参数

应付款核销方式为"按单据"，单据审核日期依据为"业务日期"，应付款核算类型为"详细核算"，受控科目制单依据为"明细到供应商"，非受控科目制单方式为"汇总方式"，启用供应商权限，并且按信用方式根据单据提前 7 天自动报警。

2. 基本科目

应付科目为"2202 应付账款"，预付科目为"1123 预付账款"，采购科目为"1401 材料采购"，采购税金科目为"22210101 应交税费——应交增值税——进项税额"，银行承兑科目为"2201 应付票据"，商业承兑科目为"2201 应付票据"，现金折扣科目为"6603"，票据利息科目为"6603"，票据费用科目为"6603"，收支费用科目为"6601"。

3. 结算方式科目

现金结算方式科目为"1001 库存现金"，现金支票结算方式科目、转账支票结算方式科目、信汇结算方式科目以及电汇结算方式科目均为"100201 工行存款"。

4. 逾期账龄区间

总天数分别为 30 天、60 天、90 天和 120 天。

5. 报警级别

A 级时的总比率为 10%，B 级时的总比率为 20%，C 级时的总比率为 30%，D 级时的总比率为 40%，E 级时的总比率为 50%，总比率在 50% 以上为 F 级。

6. 设置单据编号方式

设置"采购专用发票"、"其他应付单"及"付款单"的编号方式为"手工编号"。

7. 期初余额(存货税率均为 17%，开票日期均为 2015 年)

期初余额情况如表 8-1 所示。

表 8-1　期初余额情况

单据名称	方　向	开票日期	票　号	供应商名称	采购部门	科目编码	货物名称	数量	无税单价/元	价税合计/元
采购专用发票	正	11.15	33987	北京无忧公司(01)	供应部	22021	钢材(001)	30 吨	1 100	38 610
采购专用发票	正	11.18	34567	杰信公司(03)	供应部	2202	油漆(002)	200 桶	100	23 400
采购专用发票	正	11.23	32321	大为公司(02)	供应部	2201	钢材(001)	22 吨	1 000	25 740
预付款单	正	11.23	111	北京无忧公司(01)	供应部	1123				20 000

实验指导

1. 设置系统参数

操作步骤

(1) 以操作员"001"(周健)，密码"001"，登录到账套 300 中。在企业应用平台中，执行"财务会计"|"应付款管理"|"设置"|"选项"命令，打开"账套参数设置"对话框。

(2) 单击"编辑"按钮，打开"权限与预警"选项卡，选中"启用供应商权限"复选框，选择按照"信用方式"进行单据自动报警，在"提前天数"栏选择提前天数"7"，如图 8-1 所示。

(3) 单击"确定"按钮。

图 8-1 账套参数设置

提示

● 在进入应付款系统之前应在建立账套后启用应付款系统,或者在企业应用平台中启用应付款系统。应付款系统的启用会计期间必须大于或等于账套的启用期间。

● 在账套使用过程中可以随时修改账套参数。

● 如果选择单据日期为审核日期,则月末结账时单据必须全部审核。

● 关于应付账款核算模型,在系统启用时或者还没有进行任何业务处理的情况下才允许从简单核算改为详细核算。从详细核算改为简单核算随时可以进行。

2. 设置基本科目

操作步骤

(1) 在基础设置中,执行"基础档案"|"财务"|"会计科目"命令,修改"2201"、"2202"、"1123"科目受控系统为"应付系统",重新注册后进入系统。

(2) 在应付款管理系统中,执行"设置"|"初始设置"命令,打开"初始设置"选项卡。录入或选择应付科目"2202"及其他的基本科目,如图 8-2 所示。

图 8-2 初始设置—基本科目设置

(3) 单击"退出"按钮退出。

提示

● 在"基本科目设置"中所设置的应付科目"2202 应付账款"、预付科目"1123 预付账款"及"2201 应付票据"，应在总账系统中设置其辅助核算内容为"供应商往来"，并且其受控系统为"应付系统"，否则在此不能被选中。

● 只有在此设置了基本科目，在生成凭证时才能直接生成凭证中的会计科目，否则凭证中将没有会计科目，相应的会计科目只能手工再录入。

● 如果应付科目、预付科目按不同的供应商或供应商分类分别设置，则可在"控制科目设置"中进行设置，在此可以不设置。

● 如果针对不同的存货分别设置采购核算科目，则在此不用设置，可以在"产品科目设置"中进行设置。

3. 结算方式科目

操作步骤

(1) 在应付款管理系统中，执行"设置"|"初始设置"命令，打开"初始设置"选项卡。

(2) 执行"结算方式科目设置"命令，打开"结算方式科目设置"对话框。

(3) 单击"结算方式"栏的下三角按钮，选择"现金"结算；单击"币种"栏，选择"人民币"；在"科目"栏录入或选择"1001"，按"Enter"键。以此方法继续录入其他的结算方式科目，如图 8-3 所示。

结算方式	币　　种	本单位账号	科　　目
1 现金	人民币		1001
2 现金支票	人民币		100201
3 转账支票	人民币		100201
4 信汇	人民币		100201
5 电汇	人民币		100201

图 8-3　初始设置—结算方式科目设置

(4) 单击"退出"按钮退出。

提示

● 结算方式科目设置是针对已经设置的结算方式设置相应的结算科目。即在付款或收款时只要告诉系统结算时使用的结算方式，就可以由系统自动生成该种结算方式所使用的会计科目。

● 如果在此不设置结算方式科目，则在付款或收款时可以手工输入不同的结算方式所对应的会计科目。

4. 设置逾期账龄区间

操作步骤

(1) 在应付款管理系统中，执行"设置"|"初始设置"命令，打开"初始设置"选项卡。

(2) 执行"逾期账龄区间设置"命令，在"总天数"栏录入"30"，按"Enter"键后再在"总天数"栏录入"60"后按"Enter"键。以此方法继续录入其他的总天数，如图 8-4 所示。

图 8-4　初始设置—逾期账龄区间设置

(3) 单击"退出"按钮退出。

提示

● 序号由系统自动生成，不能修改和删除。总天数直接输入截至该区间的账龄总天数。

● 最后一个区间不能修改和删除。

5. 设置报警级别

操作步骤

(1) 在应付款管理系统中，执行"设置"|"初始设置"命令，打开"初始设置"选项卡。

(2) 执行"报警级别设置"命令，在"总比率"栏录入"10"，在"级别名称"栏录入"A"，按"Enter"键。以此方法继续录入其他的总比率和级别，如图 8-5 所示。

(3) 单击"退出"按钮退出。

提示

● 序号由系统自动生成，不能修改和删除。应直接输入该区间的最大比率及级别名称。

● 系统会根据输入的比率自动生成相应的区间。

● 单击"增加"按钮，可以在当前级别之前插入一个级别。插入一个级别后，该级别后的各级别比率会自动调整。

● 删除一个级别后，该级别后的各级比率也会自动调整。

图 8-5　初始设置—报警级别设置

- 最后一个级别为某一比率之上，所以在"总比率"栏不能录入比率，否则将不能退出。
- 最后一个比率不能删除，如果录入错误则应先删除上一级比率，再修改最后一级比率。

6. 单据编号设置

操作步骤

(1) 在企业应用平台中，打开"基础设置"选项卡，执行"单据设置"|"单据编码设置"命令，打开"单据编号设置"对话框。

(2) 执行"采购管理"|"采购专用发票"命令，出现"单据编号设置-[采购专用发票]"对话框。

(3) 在"单据编号设置-[采购专用发票]"对话框中，单击"修改"按钮，选中"完全手工编号"复选框，如图 8-6 所示。

图 8-6　设置单据编号—采购专用发票

(4) 单击"保存"按钮。

(5) 同理，设置对应付款系统中的其他应付单、付款单"完全手工编号"，单击"退出"按钮退出。

提示

● 如果不在"单据编号设置"中对采购专用发票采用"完全手工编号",则在填制采购专用发票时其编号由系统自动生成,而不允许手工录入编号。

● 在"单据编号设置"中还可以设置"重号时自动重取"及"按收发标志流水"等。

7. 录入期初采购发票

操作步骤

(1) 在应付款管理系统中,执行"设置"|"期初余额"命令,打开"期初余额—查询"对话框。

(2) 单击"确定"按钮,打开"期初余额明细表"对话框。

(3) 单击"增加"按钮,打开"单据类别"对话框。

(4) 单击"确定"按钮,打开"采购专用发票"对话框。

(5) 单击"增加"按钮,修改开票日期为"2015-11-15",录入发票号"33987";在"供应商"栏录入"01",或单击"供应商"栏的参照按钮,选择"无忧公司";在"存货编码"栏录入"001",或单击"存货编码"栏的参照按钮,选择"钢材";在"数量"栏录入"30",在"原币单价"栏录入"1 100",如图8-7所示。

图8-7 录入期初采购专用发票

(6) 单击"保存"按钮。以此方法继续录入第2张和第3张采购专用发票。

提示

● 在初次使用应付款系统时,应将启用应付款系统时未处理完的所有供应商的应付账款、预付账款、应付票据等数据录入到本系统中。当进入第二年度时,系统会自动将上年度未处理完的单据转为下一年度的期初余额。在下一年度的第一会计期间里，可以进行期初余额的调整。

- 在日常业务中，可对期初发票、应付单、预付款、票据进行后续的核销及转账处理。
- 如果退出了录入期初余额的单据，在"期初余额明细表"对话框中并没有看到新录入的期初余额，应单击"刷新"按钮，即可列示所有的期初余额的内容。
- 在录入期初余额时一定要注意期初余额的会计科目，比如第 3 张采购发票的会计科目为"2201"，即应付票据。应付款系统的期初余额应与总账进行对账，如果科目错误将会导致对账错误。
- 如果并未设置允许修改采购专用发票的编号，则在填制采购专用发票时不允许修改采购专用发票的编号。其他单据的编号也一样，系统默认的状态为不允许修改。

8. 录入预付款单

操作步骤

(1) 在应付款管理系统中，执行"设置"|"期初余额"命令，打开"期初余额—查询"对话框。

(2) 单击"确定"按钮，打开"期初余额明细表"对话框。

(3) 单击"增加"按钮，打开"单据类别"对话框。

(4) 单击"单据名称"栏的下三角按钮，选择"预付款"，如图 8-8 所示。

(5) 单击"确定"按钮，打开"付款单"对话框。

(6) 单击"增加"按钮，修改日期为"2015-11-23"；在"供应商"栏录入"01"，或单击"供应商"栏的参照按钮，选择"无忧公司"；在"结算方式"栏录入"3"，或单击"结算方式"栏的参照按钮，选择"转账支票"；在"金额"栏录入"20 000"，在"摘要"栏录入"预付货款"；在付款单下半部分中的"科目"栏录入"1123"，或单击"科目"栏的参照按钮，选择"1123 预付账款"，如图 8-9 所示。

图 8-8　设置单据类别　　　　　图 8-9　录入付款单

(7) 单击"保存"按钮，再单击"退出"按钮退出。

提示

录入预付款的单据类型仍然是"付款单"，但是款项类型为"预付款"。

9. 应付款系统与总账系统对账

操作步骤

(1) 在"期初余额明细表"对话框中，单击"对账"按钮，打开"期初对账"选项卡，如图 8-10 所示。

科目		应付期初		总账期初		差额	
编号	名称	原币	本币	原币	本币	原币	本币
1123	预付账款	-20,000.00	-20,000.00	-20,000.00	-20,000.00	0.00	0.00
2201	应付票据	25,740.00	25,740.00	25,740.00	25,740.00	0.00	0.00
2202	应付账款	62,010.00	62,010.00	62,010.00	62,010.00	0.00	0.00
	合计		67,750.00		67,750.00		0.00

图 8-10　期初对账

(2) 单击"退出"按钮退出。

提示

- 当完成全部应付款期初余额的录入后，应通过对账功能将应付款系统期初余额与总账系统期初余额进行核对。
- 当保存了期初余额结果，或在第二年的使用中需要调整期初余额时可以进行修改。当第一个会计期已结账后，期初余额只能查询不能再修改。
- 期初余额所录入的票据保存后，系统会自动进行审核。
- 应付款系统与总账系统对账，必须要在总账系统与应付款系统同时启用后才可以进行。

10. 账套备份

在"D:\300 账套备份"文件夹中新建"(8-1)应付系统初始化"文件夹，并将账套输出至该文件夹中。

实验二　单据处理

实验准备

已经完成了第 8 章实验一的操作。可以引入已完成实验一"(8-1)应付系统初始化"的账套备份数据,或引入光盘中的"实验账套\(8-1)应付系统初始化"。将系统日期修改为"2016年 1 月 31 日",注册进入应付款管理系统。

实验要求

- 录入应付单据和付款单据
- 修改应付单据和付款单据
- 删除应付单据
- 2016 年 1 月 31 日,审核本月录入的应付单据和付款单据
- 核销付款单据
- 对应付单据和付款单据进行账务处理
- 账套备份

实验资料

(1) 2016 年 1 月 15 日,从北京无忧公司采购钢材 10 吨,原币单价为 1 200 元,增值税率为 17%(采购专用发票号码:668800)。

(2) 2016 年 1 月 15 日,从杰信公司采购油漆 20 桶,原币单价为 110 元,增值税率为17%(采购专用发票号码:8908),运费 80 元。

(3) 2016 年 1 月 16 日,从大为公司采购钢材 50 吨,原币单价为 990 元,增值税率为17%(采购专用发票号码:3451)。

(4) 2016 年 1 月 16 日,向北京无忧公司采购钢材 20 吨,原币单价为 980 元,增值税率为 17%(采购专用发票号码:2302)。

(5) 2016 年 1 月 18 日,发现 2016 年 1 月 15 日所填制的从北京无忧公司采购钢材 10吨,原币单价为 1 200 元,增值税率为 17%的"668800"号采购专用发票中的无税单价应为 1 120 元。

(6) 2016 年 1 月 18 日,从北京无忧公司采购钢材 12 吨,原币单价为 1 200 元,增值税率为 17%(采购专用发票号码:69900)。

(7) 2016 年 1 月 18 日,发现 2016 年 1 月 16 日,向北京无忧公司采购钢材 20 吨,原币单价为 980 元,增值税率为 17%的"2302"号采购专用发票填制错误,应删除。

(8) 2016 年 1 月 22 日,以转账支票支付向北京无忧公司购买钢材 10 吨的货税款 13 104 元。

(9) 2016 年 1 月 22 日,以转账支票支付向大为公司购买钢材 50 吨的货税款 57 915 元。

(10) 2016 年 1 月 22 日,以转账支票支付向杰信公司购买油漆的货税款及运费 2 574 元。

(11) 2016 年 1 月 23 日,发现 2016 年 1 月 22 日所填制的以转账支票支付向北京无忧公司购买钢材 10 吨的货税款 13 104 元应为 15 000 元,余款作为预付款。

(12) 2016 年 1 月 23 日,发现 2016 年 1 月 22 日所填制的以转账支票支付向大为公司购买钢材 50 吨的货税款 57 915 元有错误,需删除该张付款单。

实验指导

1. 填制第 1 笔业务的采购专用发票

操作步骤

(1) 在应付款管理系统中，执行"应付单据处理"|"应付单据录入"命令，打开"单据类别"对话框。

(2) 单击"确定"按钮，打开"专用发票"对话框。

(3) 单击"增加"按钮，修改开票日期为"2016-01-15"，录入发票号"668800"；在"供应商"栏录入"01"，或单击"供应商"栏的参照按钮，选择"无忧公司"；在"存货编码"栏录入"001"，"存货名称"栏显示"钢材"；在"数量"栏录入"10"，在"原币单价"栏录入"1 200"，如图 8-11 所示。

图 8-11 填制第 1 笔业务的采购专用发票

(4) 单击"保存"按钮，再单击"退出"按钮退出。

(5) 同理，填制第 2 笔业务的采购专用发票。

提示

● 在填制采购专用发票时，税率由系统自动生成，可以修改。

● 采购发票与应付单是应付款管理系统日常核算的单据。如果应付款系统与采购系统集成使用，采购发票在采购管理系统中录入，在应付款系统中可以对这些单据进行查询、核销及制单等操作，此时应付款系统需要录入的只限于应付单。

● 如果没有使用采购系统，则所有发票和应付单均需在应付款系统中录入。

● 在不启用供应链的情况下，在应付款系统中只能对采购业务的资金流进行会计核算，即可以对应付款、已付款以及采购情况进行核算；而其物流的核算，即存货入库成本的核算还需在总账系统中手工进行结转。

● 已审核的单据不能修改或删除，已生成凭证或进行过核销的单据在单据界面不再显示。

- 在录入采购发票后可以直接进行审核，直接审核后系统会提示"是否立即制单"，此时可以直接制单。如果录入采购发票后不直接审核可以在审核功能中审核，再到制单功能中制单。
- 已审核的单据在未进行其他处理之前应取消审核后再进行修改。

2. 填制第 2 笔业务的采购普通发票

操作步骤

(1) 在应付款管理系统中，执行"应付单据处理"|"应付单据录入"命令，打开"单据类别"对话框。

(2) 单击"单据类型"栏的下三角按钮，选择"采购普通发票"。

(3) 单击"确定"按钮，打开"采购发票—普通发票"对话框。

(4) 单击"增加"按钮，修改开票日期为"2016-01-15"；在"供应商"栏录入"03"，或单击"供应商"栏的参照按钮，选择"杰信公司"；在"税率"栏录入"7"；在"存货编码"栏录入"007"，在"存货名称"栏录入"运输费"；在"原币金额"栏录入"80"，如图 8-12 所示。

图 8-12　填制第 2 笔业务的采购普通发票

(5) 单击"保存"按钮，再单击"退出"按钮退出。继续录入第 3 笔、第 4 笔及第 6 笔业务的采购专用发票。

提示

- 按会计制度规定，运费可以按 7% 的税率进行增值税的进项税额抵扣，因此运费成本为扣除 7% 进项税后的部分。
- 如果在启用应付款系统的同时启用采购系统，则应在采购系统中填制"运费发票"，在应付款系统中对采购系统传递过来的"运费发票"进行付款及付款核销等操作。

3. 修改采购专用发票

操作步骤

(1) 在应付款管理系统中，执行"应付单据处理"|"应付单据录入"命令，打开"单据类别"对话框。

(2) 单击"确定"按钮，打开"采购专用发票"对话框。

(3) 单击"翻页"按钮，找到"668800"号采购专用发票。

(4) 单击"修改"按钮，将原币单价修改为"1 120"。

(5) 单击"保存"按钮，再单击"退出"按钮退出。

提示

● 因为在打开"采购专用发票"对话框时，系统是处在增加状态，如果想查找某一张采购专用发票则应放弃当前的增加操作，进入查询状态，否则将不能翻页。

● 采购发票被修改后必须保存，保存的采购发票在审核后才能制单。

4. 删除采购专用发票

操作步骤

(1) 在应付款管理系统中，执行"应付单据处理"|"应付单据录入"命令，打开"单据类别"对话框。

(2) 单击"确定"按钮，打开"采购专用发票"对话框。

(3) 单击"首张"按钮，再单击"下张"按钮，找到"2302"号采购专用发票。

(4) 单击"删除"按钮，系统提示"单据删除后不能恢复，是否继续？"。

(5) 单击"是"按钮，再单击"退出"按钮退出。

5. 审核应付单据

操作步骤

(1) 在应付款管理系统中，执行"应付单据处理"|"应付单据审核"命令，打开"单据过滤条件"对话框。

(2) 单击"确定"按钮，打开"应付单据列表"窗口。

(3) 单击"全选"按钮，再单击"审核"按钮，系统提示"本次审核成功单据【5】张"。

(4) 单击"确定"按钮，再单击"退出"按钮退出。

6. 制单

操作步骤

(1) 在应付款管理系统中，执行"制单处理"命令，打开"制单查询"对话框。

(2) 选中"发票制单"复选框，单击"确定"按钮，打开"采购发票制单"对话框。

(3) 单击"全选"按钮，单击"凭证类别"栏的下三角按钮，选择"转账凭证"，如图

8-13 所示。

图 8-13　采购发票制单

(4) 单击"制单"按钮，生成第 1 张转账凭证。

(5) 单击"保存"按钮，结果如图 8-14 所示。

图 8-14　生成采购转账凭证

(6) 单击"下张"按钮，再单击"保存"按钮，完成全部单据的制单。

提示

- 在"制单查询"对话框中，系统已默认制单内容为"发票制单"，如果需要选中其他内容进行制单，可以选中要制单内容前的复选框。
- 如果所选择的凭证类型错误，可以在生成凭证后再修改。
- 如果一次生成了多张记账凭证，可以在保存了一张凭证后再打开其他的凭证，直到全部保存完毕为止，未保存的凭证视为放弃本次凭证生成的操作。
- 只有在凭证保存后才能传递到总账系统，再在总账系统中进行审核和记账等。
- 第 1 号转账凭证是根据普通发票填制的，其运费中应抵扣的进项税为价内税，因此进项税为 5.60 元，而材料采购为 74.40 元。

7. 填制付款单

操作步骤

(1) 在应付款管理系统中，执行"付款单据处理"|"付款单据录入"命令，打开"付款单"对话框。

(2) 单击"增加"按钮。修改开票日期为"2016-1-22"；在"供应商"栏录入"01"，或单击"供应商"栏的参照按钮，选择"无忧公司"；在"结算方式"栏录入"3"，或单击"结算方式"栏的下三角按钮，选择"转账支票"；在"金额"栏录入"13 104"，在"摘要"栏录入"支付购买钢材的货税款"，单击明细栏位后，如图 8-15 所示。

(3) 单击"保存"按钮。再单击"增加"按钮，继续录入第 2 张及第 3 张付款单。

图 8-15　填制付款单

提示

- 在单击付款单的"保存"按钮后，系统会自动生成付款单表体的内容。
- 表体中的款项类型系统默认为"应付款"，可以修改。款项类型还包括"预付款"和"其他费用"。
- 若一张付款单中，表头供应商与表体供应商不同，则视表体供应商的款项为代收款。
- 在填制付款单后，可以直接单击"核销"按钮进行单据核销的操作。
- 如果是供应商退款，则可以单击"切换"按钮，填制红字付款单。

8. 修改付款单

操作步骤

(1) 在应付款管理系统中，执行"付款单据处理"|"付款单据录入"命令，打开"付款单"对话框。

(2) 单击"下张"按钮，找到要修改的付款单，在要修改的付款单中，单击"修改"

按钮，将表头中的金额修改为"15 000"。

(3) 单击表体第 2 行，选择款项类型为"预付款"，系统自动列示预付款金额为"1 896"，如图 8-16 所示。

(4) 单击"保存"按钮，再单击"退出"按钮退出。

图 8-16　余款转为预付款

9. 删除付款单

操作步骤

(1) 在应付款管理系统中，执行"付款单据处理"|"付款单据录入"命令，打开"付款单"对话框。

(2) 单击"下张"按钮，找到要删除的付款单。

(3) 单击"删除"按钮，系统提示"单据删除后不能恢复，是否继续？"。

(4) 单击"是"按钮，再单击"退出"按钮退出。

10. 审核付款单

操作步骤

(1) 在应付款管理系统中，执行"付款单据处理"|"付款单据审核"命令，打开"付款单过滤条件"对话框。

(2) 单击"确定"按钮，打开"收付款单列表"窗口。

(3) 单击"全选"按钮，再单击"审核"按钮，系统提示"本次审核成功单据【2】张"。

(4) 单击"确定"按钮，再单击"退出"按钮退出。

11. 核销付款单

操作步骤

(1) 在应付款管理系统中，执行"核销处理"|"手工核销"命令，打开"核销条件"

对话框。

  (2) 在"供应商"栏中录入"01",或单击"供应商"栏的参照按钮,选择"无忧公司"。

  (3) 单击"确定"按钮,打开"单据核销"对话框。在上半部分的"本次结算"栏的第 2 行录入"13 104",在下半部分的"本次结算"栏的第 3 行录入"13 104",如图 8-17 所示。

单据日期	单据类型	单据编号	供应商	款项	结算方式	币种	汇率	原币金额	原币余额	本次结算	订单号
2015-11-23	付款单	111	无忧公司	预付款	转账支票	人民币	1.00000000	20,000.00	20,000.00		
2016-01-22	付款单	0000000001	无忧公司	应付款	转账支票	人民币	1.00000000	13,104.00	13,104.00	13,104.00	
2016-01-22	付款单	0000000001	无忧公司	预付款	转账支票	人民币	1.00000000	1,896.00	1,896.00		
合计								35,000.00	35,000.00	13,104.00	

单据日期	单据类型	单据编号	到期日	供应商	币种	原币金额	原币余额	可享受折扣	本次折扣	本次结算	订单号	凭证号
2016-01-15	采购普...	0000000001	2016-01-15	无忧公司	人民币	80.00	80.00	0.00				转-0001
2015-11-15	采购专...	33987	2015-11-15	无忧公司	人民币	38,610.00	38,610.00	0.00				
2016-01-15	采购专...	668800	2016-01-15	无忧公司	人民币	13,104.00	13,104.00	0.00	0.00	13,104.00		转-0002
2016-01-18	采购专...	69900	2016-01-18	无忧公司	人民币	16,848.00	16,848.00	0.00				转-0005
合计						68,642.00	68,642.00	0.00		13,104.00		

图 8-17   单据核销

(4) 单击"保存"按钮,再单击"退出"按钮退出。

提示

- 在保存核销内容后,"单据核销"对话框中将不再显示已被核销的内容。
- 结算单列表显示的是款项类型为应付款和预付款的记录,而款项类型为其他费用的记录不允许在此作为核销记录。
- 核销时,结算单列表中款项类型为应付款的记录默认本次结算金额为该记录上的原币金额;款项类型为预付款的记录默认的本次结算金额为空。核销时可以修改本次结算金额,但是不能大于该记录的原币金额。
- 在结算单列表中,单击"分摊"按钮,系统将当前结算单列表中的本次结算金额合计自动分摊到被核销单据列表的"本次结算"栏中。核销顺序依据被核销单据的排序顺序。
- 手工核销时一次只能显示一个供应商的单据记录,且结算单列表根据表体记录明细显示。当结算单有代付处理时,只显示当前所选供应商的记录。
- 一次只能对一种结算单类型进行核销,即手工核销的情况下需要将收款单和付款单分开核销。
- 保存手工核销时,若结算单列表的本次结算金额大于或小于被核销单据列表的本次结算金额合计,系统将提示结算金额不相等,不能保存。
- 若发票中同时存在红蓝记录,则核销时先进行单据的内部对冲。
- 如果核销后未进行其他处理,可以在期末处理的"取消操作"功能中取消核销操作。

12. 制单

操作步骤

(1) 在应付款管理系统中，执行"制单处理"命令，打开"制单查询"对话框。

(2) 选中"收付款单制单"复选框，单击"确定"按钮，打开"收付款单制单"对话框。

(3) 单击"全选"按钮，选择凭证类别为"付款凭证"，如图 8-18 所示。

图 8-18　收付款单制单

(4) 单击"制单"按钮，生成记账凭证，如图 8-19 所示。

(5) 单击"下张"按钮，单击"保存"按钮，再单击"退出"按钮退出。

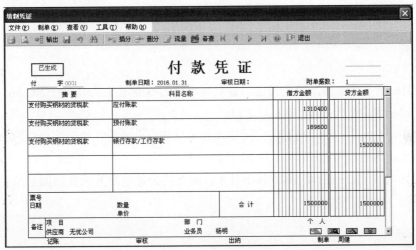

图 8-19　生成付款凭证

提示

- 如果在"制单查询"对话框中，选中"收付款单制单"后，再取消选中"发票制单"选项，则会打开"收付款单制单"对话框。如果不取消"发票制单"选项，虽然制单窗口显示的是"应付制单"，但两种待制的单据都会显示出来。

- 在制单功能中还可以根据需要进行合并制单。

13. 账套备份

在"D:\300 账套备份"文件夹中新建"(8-2)单据处理"文件夹，将账套输出至"(8-2)

单据处理"文件夹中。

实验三　票据管理

实验准备

　　已经完成了第 8 章实验二的操作。可以引入已完成实验二"(8-2)单据处理"的账套备份数据,或引入光盘中的"实验账套\(8-2)单据处理"。将系统日期修改为"2016 年 1 月 31日",注册进入应付款管理系统。

实验要求

- 填制商业承兑汇票,暂不制单
- 结算商业承兑汇票并制单
- 制单
- 账套备份

实验资料

　　(1) 2016 年 1 月 2 日,向大为公司签发并承兑的商业承兑汇票一张(NO.56121),面值为 57 915 元,到期日为 2016 年 6 月 2 日。

　　(2) 2016 年 1 月 3 日,向杰信公司签发并承兑的商业承兑汇票一张(NO.56561),面值为 23 400 元,到期日为 2016 年 1 月 23 日。

　　(3) 2016 年 1 月 23 日,将 2016 年 1 月 3 日向杰信公司签发并承兑的商业承兑汇票(NO.56561)结算。

实验指导

1. 填制商业承兑汇票

操作步骤

(1) 在应付款管理系统中,执行"票据管理"命令,打开"过滤条件选择"对话框。

(2) 单击"过滤"按钮,打开"票据管理"窗口。

(3) 单击"增加"按钮,打开"票据"选项卡。

(4) 单击"票据类型"与"结算方式"栏的下三角按钮,选择"商业承兑汇票";在"票据编号"栏录入"56121";在"收款人"栏录入"02",或单击参照按钮,选择"大为公司";在"金额"栏录入"57 915";在"收到日期"与"出票日期"栏录入"2016-01-02";

在"到期日"栏录入"2016-06-02";在"票据摘要"栏录入"签发并承兑商业汇票",如图 8-20 所示。

图 8-20　填制商业汇票

(5) 单击"保存"按钮,保存信息。以此方法继续录入第 2 张商业承兑汇票。

提示

- 保存一张商业承兑汇票后,系统会自动生成一张付款单。这张付款单还需经过审核之后才能生成记账凭证。
- 由票据生成的付款单不能修改。
- 在"票据管理"功能中可以对商业承兑汇票和银行承兑汇票进行日常业务处理,包括票据的取得、结算、背书、转出及计息等。
- 商业承兑汇票不能有承兑银行,银行承兑汇票必须有承兑银行。

2. 商业承兑汇票结算

操作步骤

(1) 在应付款管理系统中,执行"票据管理"命令,打开"过滤条件选择"对话框。

(2) 单击"过滤"按钮,打开"票据管理"窗口。

(3) 单击选中向杰信公司签发并承兑的商业承兑汇票(NO.56561)。

(4) 单击"结算"按钮,打开"票据结算"对话框。

(5) 修改结算日期为"2016-01-23",录入结算金额"23 400";在"结算科目"栏录入"100201",或单击"结算科目"栏的参照按钮,选择"100201 工行存款",如图 8-21 所示。

(6) 单击"确定"按钮,出现"是否立即制单"提示。

(7) 单击"是"按钮,生成结算的记账凭证,修改凭证类别为"付款凭证",单击"保存"按钮,如图 8-22 所示。

(8) 单击"退出"按钮退出。

图 8-21　票据结算设置

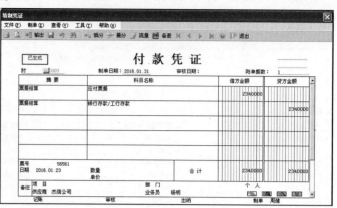

图 8-22　生成票据结算凭证

提示

● 当票据到期付款时，执行票据结算处理。

● 进行票据结算时，结算金额应是通过结算实际支付的金额。

● 票据结算后，不能再进行其他与票据相关的处理。

3. 审核付款单

操作步骤

(1) 在应付款管理系统中，执行"付款单据处理"|"付款单据审核"命令，打开"付款单过滤条件"对话框。

(2) 单击"确定"按钮，打开"收付款单列表"对话框。

(3) 单击"全选"按钮，再单击"审核"按钮，出现"本次审核成功单据【2】张"的提示。

(4) 单击"确定"按钮，在"审核人"栏出现了审核人的签字。

(5) 单击"退出"按钮退出。

提示

在票据保存后由系统自动生成了一张付款单，这张付款单应在审核后再到制单处理中生成记账凭证，才可完成应付账款转为应付票据的核算过程。

4. 制单

操作步骤

(1) 在应付款管理系统中，执行"制单处理"命令，打开"制单查询"对话框。

(2) 单击选中"收付款单制单"，单击"确定"按钮，打开"收付款单制单"对话框。单击"凭证类别"栏的下三角按钮，选择"转账凭证"，再单击"全选"按钮，如图 8-23 所示。

图 8-23　应付款单制单

(3) 单击"制单"按钮，出现第 1 张记账凭证；单击"保存"按钮，保存第 1 张记账凭证。单击"下张"按钮，再单击"保存"按钮，保存第 2 张记账凭证，如图 8-24 所示。

图 8-24　生成转账凭证

(4) 单击"退出"按钮退出。

5. 账套备份

在"D:\300 账套备份"文件夹中新建"(8-3)票据处理"文件夹，将账套输出至"(8-3)票据处理"文件夹中。

实 验 四　转 账 处 理

实验准备

已经完成了第 8 章实验三的操作。可以引入已完成实验三"(8-3)票据处理"的账套备份数据，或引入光盘中的"实验账套\(8-3)票据处理"。将系统日期修改为"2016 年 1 月 31 日"，注册后进入应付款管理系统。

实验要求

- 应付冲应付暂不制单
- 预付冲应付暂不制单
- 制单
- 取消操作
- 账套备份

实验资料

(1) 2016 年 1 月 31 日，经三方同意将 2015 年 11 月 23 日形成的应向"北京无忧公司"支付的货税款 38 610 元转为向大为公司的应付账款。

(2) 2016 年 1 月 31 日，经双方同意，将向北京无忧公司 2016 年 1 月 18 日购买 12 吨钢材的货税款 16 848 元与预付款进行冲抵。

(3) 取消第 2 笔对北京无忧公司的转账操作。

实验指导

1. 将应付账款冲抵应付账款

操作步骤

(1) 在应付款管理系统中，执行"转账"|"应付冲应付"命令，打开"应付冲应付"对话框。

(2) 在"转出户"栏录入"01"，或单击"转出户"栏的参照按钮，选择"北京无忧公司"；再在"转入户"栏录入"02"，或单击"转入户"栏的参照按钮，选择"大为公司"。

(3) 单击"过滤"按钮，在第 1 行"并账金额"栏录入"38 610"，如图 8-25 所示。

图 8-25 应付冲应付

(4) 单击"确定"按钮，弹出"是否立即制单"信息提示框，单击"否"按钮，再单击"取消"按钮退出。

提示

- 每一笔应付款的转账金额不能大于其余额。
- 每次只能选择一个转入单位。

2. 将预付账款冲抵应付账款

操作步骤

(1) 在应付款管理系统中，执行"转账"|"预付冲应付"命令，打开"预付冲应付"对话框。在"供应商"栏录入"01"，或单击"供应商"栏的参照按钮，选择"北京无忧公司"。

(2) 单击"过滤"按钮，在"转账金额"栏录入"16 848"，如图 8-26 所示。

图 8-26　预付冲应付—录入预付款

(3) 打开"应付款"选项卡，单击"过滤"按钮，在"转账金额"栏录入"16 848"，如图 8-27 所示。

(4) 单击"确定"按钮，弹出"是否立即制单"信息提示框，单击"否"按钮，再单击"取消"按钮退出。

提示

- 可以在输入转账总金额后单击"自动转账"按钮，系统会自动根据过滤条件进行成批的预付冲抵应付款工作。
- 每一笔应付款的转账金额不能大于其余额。
- 应付款的转账金额合计应该等于预付款的转账金额合计。
- 如果是红字预付款和红字应付单进行冲销，要把过滤条件中的"类型"选为"收款单"。

图 8-27 预付冲应付—录入应付款

3. 制单

操作步骤

(1) 在应付款管理系统中，执行"制单处理"命令，打开"制单查询"对话框。

(2) 单击选中"转账制单"和"并账制单"复选框。

(3) 单击"确定"按钮，打开"应付制单"对话框。单击"全选"按钮，再单击"凭证类别"栏的参照按钮，选择"转账凭证"，如图 8-28 所示。

图 8-28 "应付制单"对话框

(4) 单击"制单"按钮，出现第 1 张记账凭证；单击"保存"按钮，保存第 1 张记账凭证。

(5) 单击"下张"按钮，再单击"保存"按钮，保存第 2 张记账凭证，如图 8-29 所示。

图 8-29　生成预付冲应付转账凭证

(6) 单击"退出"按钮退出。

4. 取消操作

因为预付冲应付业务已经制单，要取消业务操作需要先删除该业务已经生成的凭证。

操作步骤

(1) 在应付款管理系统中，执行"单据查询"|"凭证查询"命令，打开"凭证查询条件"对话框。单击"确定"按钮，进入"凭证查询"窗口。

(2) 选中业务类型为"预付冲应付"凭证，单击"删除"按钮，系统弹出"确定要删除此凭证吗？"信息提示框，单击"是"按钮，该业务凭证被删除。

(3) 执行"其他处理"|"取消操作"命令，打开"取消操作条件"对话框。选择操作类型为"预付冲应付"，如图 8-30 所示。

图 8-30　设置取消操作条件

(4) 单击"确定"按钮，进入"取消操作"窗口。单击"全选"按钮，选中要取消操作的记录，单击"确认"按钮，取消操作完成。

5. 账套备份

在"D:\300 账套备份"文件夹中新建"(8-4)转账处理"文件夹，将账套输出至"(8-4)转账处理"文件夹中。

附录一

综合实验

实验一 系统管理与基础设置

实验准备

正确安装用友 ERP-U8.72 软件(8.72 版)，将系统日期修改为"2016 年 1 月 31 日"。

实验要求

- 增加用户
- 建立账套(不进行系统启用的设置)
- 设置用户权限
- 201 号操作员在企业应用平台中分别启用"总账"、"应收款管理"、"应付款管理"、"固定资产"及"薪资管理"，启用日期为"2016 年 1 月 1 日"
- 设置部门档案、人员类别、职员档案、供应商分类、供应商档案、客户档案
- 备份账套

实验资料

1. 操作员及其权限(如表附录一-1 所示)

表附录一-1 操作员及其权限

编　号	姓　名	口　令	所属部门	角　色	权　限
201	张强	A01	财务部	账套主管	账套主管的全部权限
202	陈红	A02	财务部	总账会计	

(续表)

编　号	姓　名	口　令	所属部门	角　色	权　限
203	李乐	A03	财务部		总账系统中出纳签字(GL0203)及出纳(GL04)的所有权限

2. 账套信息

账套号：200

单位名称：实达股份有限公司

单位简称：实达公司

单位地址：北京市西城区西四大街 11 号

法人代表：李明

邮政编码：100055

税号：100011010255669

启用会计期：2016 年 1 月

企业类型：工业

行业性质：2007 年新会计制度科目

账套主管：张强

基础信息：对供应商进行分类

分类编码方案如下。

　　科目编码级次：4222

　　供应商分类编码级次：123

　　部门编码级次：122

3. 部门档案(如表附录一-2 所示)

表附录一-2　部门档案

部门编码	部门名称
1	人事部
2	财务部
3	供销中心
301	采购部
302	销售部
4	生产车间

4. 人员类别

在职人员分为企业管理人员、经营人员和生产人员。

5. 人员档案(如表附录一-3 所示)

表附录一-3 人员档案

人员编码	人员姓名	性别	人员类别	行政部门	是否业务员
001	李明	男	企业管理人员	人事部	是
002	江平	男	企业管理人员	人事部	
003	张强	男	企业管理人员	财务部	
004	陈红	女	企业管理人员	财务部	
005	李乐	男	企业管理人员	财务部	
006	王芳	女	经营人员	采购部	是
007	周莹	女	经营人员	销售部	是
008	马文杰	男	生产人员	生产车间	

6. 供应商分类(如表附录一-4 所示)

表附录一-4 供应商分类

类别编码	类别名称
1	主料供应商
2	配件供应商

7. 供应商档案(如表附录一-5 所示)

表附录一-5 供应商档案

供应商编码	供应商名称/简称	所属分类	税号	分管部门	专管业务员
01	大发公司	1 主料供应商	110287346501234	采购部	王芳
02	光华集团	2 配件供应商	110548357292443	采购部	王芳

8. 客户档案(如表附录一-6 所示)

表附录一-6 客户档案

客户编码	客户名称/简称	税号	分管部门	专管业务员
01	前进公司	430432432893257	销售部	周莹
02	建达公司	225832700549099	销售部	周莹

实验二　总账系统初始化

实验准备

已经完成了实验一的操作，将系统日期修改为"2016 年 1 月 31 日"，由 201 号操作员注册进入企业应用平台进行操作。

实验要求

- 设置会计科目
- 指定会计科目
- 设置凭证类别
- 设置选项
- 输入期初余额
- 设置结算方式
- 设置项目目录
- 账套备份

实验资料

1. 会计科目

(1) "1001 库存现金"为现金总账科目、"1002 银行存款"为银行总账科目。

(2) 增加会计科目(如表附录一-7 所示)。

表附录一-7　增加的会计科目

科目编码	科目名称	辅助账类型
100201	建行存款	日记账、银行账
122101	职工个人借款	个人往来
660201	差旅费	部门核算
660202	办公费	部门核算
660203	工资	部门核算
660204	福利费	部门核算
660205	折旧费	部门核算
660206	其他	

(3) 修改会计科目

- "1121 应收票据"、"1122 应收账款"、"2203 预收账款"科目辅助账类型为"客户往来"(受控系统为应收系统)。
- "2201 应付票据"、"2202 应付账款"、"1123 预付账款"科目辅助账类型为"供应商往来"(受控系统为应付系统)。
- "1605 工程物资"科目及所属明细科目辅助账类型为"项目核算"。

2. 凭证类别(如表附录一-8 所示)

表附录一-8 凭证类别

类别名称	限制类型	限制科目
收款凭证	借方必有	1001，1002
付款凭证	贷方必有	1001，1002
转账凭证	凭证必无	1001，1002

3. 选项

不允许修改、作废他人填制的凭证；出纳凭证必须由出纳签字；可以使用应收、应付系统的受控科目。

4. 期初余额

库存现金：9 000 元(借)

建行存款：191 000 元(借)

应收账款：30 000 元(借)前进公司

预付账款：30 000 元(借)大发公司

职工个人借款——李明：7 000 元(借)

固定资产：869 000 元

累计折旧：72 515 元

库存商品：13 000 元(借)

短期借款：100 000 元(贷)

长期贷款：496 485 元(贷)

实收资本：480 000 元(贷)

5. 结算方式

结算方式包括现金结算、现金支票结算、转账支票结算及其他结算。

6. 项目目录

项目大类为"工程"；核算科目为"工程物资"及明细科目；项目内容为"办公楼"和"商务楼"，其中"商务楼"包括"1 号楼"和"2 号楼"两项工程。

实验三　总账系统日常业务处理

实验准备

已经完成了实验二的操作，将系统日期修改为"2016年1月31日"。

实验要求

- 由201号操作员设置常用摘要并审核凭证；由202号操作员对除设置常用摘要、审核凭证和出纳签字以外的业务进行操作；由203号操作员进行出纳签字
- 设置账套参数
- 填制凭证
- 审核凭证
- 出纳签字
- 修改第2号付款凭证的金额为51 000元
- 删除第1号收款凭证并整理断号
- 设置常用凭证
- 记账
- 查询已记账的第1号转账凭证
- 银行对账
- 定义转账分录
- 生成机制凭证
- 对账
- 冲销第1号付款凭证

实验资料

1. 常用摘要(如表附录一-9所示)

表附录一-9　常用摘要

摘要编码	摘要内容
1	报销办公费
2	提现金
3	报销差旅费

2. 2016年1月发生如下经济业务

(1) 1月8日，以现金支付修理费920元。

借：管理费用——其他　920

贷：库存现金　　　920

(2) 1 月 8 日，以建行存款 50 000 元支付销售部广告费。

借：销售费用　　　　　　　　　　　50 000

贷：银行存款——建行存款(转账支票 6 355)　50 000

(3) 1 月 12 日，销售给前进公司库存商品一批，货税款 93 600 元(其中货款 80 000 元，税款 13 600 元)已存入银行。

借：银行存款——建行存款　　　93 600

贷：主营业务收入　　　　　80 000

应交税费——应交增值税——销项税额　13 600

(4) 1 月 22 日，李明借差旅费 7 000 元。

借：其他应收款——职工个人借款——李明　7 000

贷：库存现金　　　　　　7 000

3. 常用凭证

摘要：从建行提现金；凭证类别：付款凭证；科目编码：1001 和 100201。

4. 银行对账期初数据

单位日记账余额为 391 000 元，银行对账单期初余额为 300 000 元，有银行已付而企业未收的未达账(2015 年 12 月 20 日)91 000 元。

5. 2016 年 1 月的银行对账单(如表附录一-10 所示)

表附录一-10　银行对账单

日　　期	结 算 方 式	票　　号	借 方 金 额	贷 方 金 额	余　　额
2016-01-08	转账支票	1122		51 000	249 000
2016-01-22	转账支票	1234	1 000		250 000

6. 期末转账的内容

"应交税费——应交增值税——销项税额"贷方发生额转入"应交税费——未交增值税"；"期间损益"转入"本年利润"。

实验四　编 制 报 表

实验准备

在完成上述实验的基础上，由 201 操作员进入"UFO 报表"进行编制报表的操作。

实验要求

- 设计利润表的格式
- 按新会计制度设计利润表的计算公式
- 生成自制利润表的数据
- 将已生成数据的自制利润表另存为"1 月份利润表"
- 利用报表模板按新会计制度科目生成资产负债表
- 保存"资产负债表"

实验资料

1. 表样内容(如图附录一-1 所示)

	A	B	C	D
1	利 润 表			
2				
3	单位名称： 年 月			
4	项 目	行 数	本 月 数	本年累计数
5	一、主营业务收入	1		
6	减：主营业务成本	2		
7	营业税费	3		
8	销售费用	4		
9	管理费用	5		
10	财务费用(收益以"－"号填列)	6		
11	资产减值损失	7		
12	加：公允价值变动净收益(净损失以"－"号填列)	8		
13	投资净收益(净损失以"－"号填列)	9		
14	其中对联营企业与合营企业的投资收益	10		
15	一、主营业务收入	11		
16	减：主营业务成本	12		
17	营业税费	13		
18	销售费用	14		
19	管理费用	15		
20	财务费用(收益以"－"号填列)	16		
21	资产减值损失	17		

图附录一-1 表样内容

2. 报表中的计算公式(如表附录一-11 所示)

表附录一-11 计 算 公 式

位置	单元公式	位置	单元公式
C5	fs(6001,月,"贷",,年)	D4	?C5+select(?D5,年@=年 and 月@=月+1)
C6	fs(6401,月,"借",,年)	D5	?C6+select(?D6,年@=年 and 月@=月+1)
C7	fs(6403,月,"借",,年)	D7	?C7+select(?D7,年@=年 and 月@=月+1)
C8	fs(6601,月,"借",,年)	D8	?C8+select(?D8,年@=年 and 月@=月+1)
C9	fs(6602,月,"借",,年)	D9	?C9+select(?D9,年@=年 and 月@=月+1)
C10	fs(6603,月,"借",,年)	D10	?C10+select(?D10,年@=年 and 月@=月+1)
C11	fs(6701,月,"借",,年)	D11	?C11+select(?D11,年@=年 and 月@=月+1)
C12	fs(6101,月,"借",,年)	D12	?C12+select(?D12,年@=年 and 月@=月+1)
C13	fs(6111,月,"借",,年)	D13	?C13+select(?D13,年@=年 and 月@=月+1)
C14		D14	
C15	C5-C6-C7-C8-C9-C10-C11+C12+C13	D15	?C15+select(?D15,年@=年 and 月@=月+1)
C16	fs(6301,月,"贷",,年)	D16	?C16+select(?D16,年@=年 and 月@=月+1)
C17	fs(6711,月,"借",,年)	D17	?C17+select(?D17,年@=年 and 月@=月+1)
C18		D18	
C19	C15+C16-C17	D19	?C19+select(?D19,年@=年 and 月@=月+1)
C20	fs(6801,月,"借",,年)	D20	?C20+select(?D20,年@=年 and 月@=月+1)
C21	C19~C20	D21	?C21+select(?D21,年@=年 and 月@=月+1)

实验五　薪 资 管 理

实验准备

已经完成了"总账系统初始化"的操作,将系统日期修改为"2016 年 1 月 1 日",由 201 号操作员注册进入 200 账套的薪资管理系统。

实验要求

- 建立工资账套
- 基础设置
- 工资类别管理

- 设置基本人员工资账套的工资项目
- 设置人员档案
- 设置计算公式
- 录入并计算 1 月份的工资数据
- 扣缴所得税
- 银行代发工资
- 分摊工资并生成转账凭证

实验资料

1. 200 账套工资系统的参数

工资类别有两个，工资核算本位币为"人民币"，不核算计件工资，自动代扣个人所得税，进行扣零设置且扣零到元，人员编码长度采用系统默认的 10 位。工资类别为"基本人员"和"退休人员"，并且总人员分布在各个部门，而退休人员只属于人事部门。

2. 人员附加信息

人员的附加信息为"学历"和"技术职称"。

3. "基本人员"的工资项目(如表附录一-12 所示)

表附录一-12　工　资　项　目

工资项目名称	类　型	长度/位	小数/位	增　减　项
基本工资	数字	8	2	增项
职务补贴	数字	8	2	增项
交通补贴	数字	8	2	增项
奖金	数字	8	2	增项
缺勤扣款	数字	8	2	减项
缺勤天数	数字	8	2	其他

4. 银行名称

银行名称为"建设银行"。账号长度为 11 位，录入时自动带出的账号长度为 8 位。

5. 工资类别

基本人员和退休人员(注：如果在建立工资账套后已经设置了"基本人员"的工资类别，此处只需设置"退休人员"的工资类别，否则，两处工资类别均需在此进行设置)。

6. 基本人员档案(如表附录一-13 所示)

表附录一-13 基本人员档案表

职员编号	人员姓名	学 历	职 称	所属部门	人员类别	银行代发账号
0000000001	李明	大学	经济师	人事部(1)	企业管理人员	11020118001
0000000002	江平	大学	经济师	人事部(1)	企业管理人员	11020118002
0000000003	张强	大学	会计师	财务部(2)	企业管理人员	11020118003
0000000004	陈红	大专	助理会计师	财务部(2)	企业管理人员	11020118004
0000000005	王芳	大学		采购部(301)	采购人员	11020118005
0000000006	周莹	大专		销售部(301)	销售人员	11020118006

7. 计算公式

缺勤扣款＝基本工资÷22×缺勤天数。

采购人员和销售人员的交通补贴为 200 元，其他人员的交通补助为 100 元。

8. 个人所得税

将"实发工资"扣除"3 500"元后按照七级累近税率计税。

9. 2016 年 1 月有关的工资数据(如表附录一-14 所示)

表附录一-14 工资数据表

人员编号	人员姓名	所属部门	人员类别	基本工资/元	职务补贴/元	奖金/元	缺勤天数
001	李明	人事部(1)	企业管理人员	4 000	2 000	800	
002	江平	人事部(1)	企业管理人员	3 000	1 500	700	2
003	张强	财务部(2)	企业管理人员	4 000	1 500	800	
004	陈红	财务部(2)	企业管理人员	1 500	900	1 000	
005	王芳	采购部(301)	经营人员	1 500	900	1 200	
006	周莹	销售部(302)	经营人员	1 200	800	1 100	

10. 分摊构成设置

按工资总额的 14%计提福利费，按工资总额的 2%计提工会经费，如表附录一-15 所示。

表附录一-15　分摊构成设置

计提类型名称	部门名称	人员类别	项目	借方科目	贷方科目
应付工资	人事部、财务部	企业管理人员	应发合计	管理费用——工资(660203)	应付职工薪酬——应付工资(221101)
	采购部、销售部	经营人员	应发合计	销售费用(6601)	应付职工薪酬——应付工资(221101)
应付福利费	人事部、财务部	企业管理人员	应发合计	管理费用——福利费(660204)	应付职工薪酬——应付福利费(221102)
	采购部、销售部	经营人员	应发合计	销售费用(6601)	应付职工薪酬——应付福利费(221102)
工会经费	人事部、财务部	企业管理人员	应发合计	管理费用——其他(660206)	应付职工薪酬——工会经费(221103)
	采购部、销售部	采购人员	应发合计	销售费用(6601)	应付职工薪酬——工会经费(221103)

实验六　固定资产系统

实验准备

已经完成了"总账系统初始化"的操作，将系统日期修改为"2016 年 1 月 1 日"，由 201 号操作员注册进入 200 账套的"固定资产"。

实验要求

- 建立固定资产子账套
- 基础设置
- 录入原始卡片
- 修改固定资产卡片
- 增加固定资产
- 计提本月折旧并制单
- 生成增加固定资产的记账凭证

实验资料

1. 200 账套固定资产系统的参数

固定资产账套的启用月份为"2016 年 1 月",固定资产采用"平均年限法"计提折旧,折旧汇总分配周期为一个月;当"月初已计提月份=可使用月份–1)"时将剩余折旧全部提足。固定资产编码方式为"2-1-1-2";固定资产编码方式采用手工输入方法,编码方式为"类别编码+序号";序号长度为"5"。要求固定资产系统与总账进行对账;固定资产对账科目为"1601 固定资产";累计折旧对账科目为"1602 累计折旧";在对账不平衡的情况下允许固定资产月末结账。

2. 部门对应折旧科目(如表附录一-16 所示)

表附录一-16 部门对应折旧科目

部 门 名 称	贷 方 科 目
人事部	管理费用——折旧费(660205)
财务部	管理费用——折旧费(660205)
采购部	销售费用(6601)
销售部	销售费用(6601)
生产车间	制造费用(5101)

3. 固定资产类别(如表附录一-17 所示)

表附录一-17 固定资产类别

类别编码	类别名称	使用年限/年	净残值率/%	计提属性	折旧方法	卡片样式
01	房屋及建筑物				平均年限法(一)	通用样式
011	行政楼	30	2	正常计提	平均年限法(一)	通用样式
012	厂房	30	2	正常计提	平均年限法(一)	通用样式
02	机器设备				平均年限法(一)	通用样式
021	办公设备	5	3	正常计提	平均年限法(一)	通用样式

4. 固定资产增减方式(如表附录一-18 所示)

表附录一-18 固定资产增减方式

增 加 方 式	对应入账科目	减 少 方 式	对应入账科目
直接购入	银行存款——建行存款(100201)	出售	固定资产清理(1606)
投资者投入	实收资本(4001)	投资转出	长期股权投资(1511)

(续表)

增 加 方 式	对应入账科目	减 少 方 式	对应入账科目
捐赠	营业外收入(6301)	捐赠转出	固定资产清理(1606)
盘盈	待处理固定资产损溢(1901102)	盘亏	待处理固定资产损溢(190102)
在建工程转入	在建工程(1604)	报废	固定资产清理(1606)

5. 固定资产原始卡片(如表附录一-19 所示)

表附录一-19 固定资产原始卡片

卡片编号	00001	00002	00003
固定资产编号	01100001	01200001	02100001
固定资产名称	8 号楼	12 号楼	电脑
类别编号	011	012	021
类别名称	行政楼	厂房	办公设备
部门名称	人事部	生产车间	财务部
增加方式	在建工程转入	在建工程转入	直接购入
使用状况	在用	在用	在用
使用年限/年	30	30	5
折旧方法	平均年限法(一)	平均年限法(一)	平均年限法(一)
开始使用日期	2013-01-08	2013-03-10	2013-06-01
币种	人民币	人民币	人民币
原值/元	500 000	350 000	19 000
净残值率/%	2	2	3
累计折旧/元	40 000	30 515	2 000
对应折旧科目	管理费用——折旧费	制造费用	管理费用——折旧费

6. 修改固定资产卡片

将卡片编号为"00003"的固定资产(电脑)的折旧方式由"平均年限法(一)"修改为"年数总和法"。

7. 新增固定资产

2016 年 1 月 15 日直接购入并交付销售部使用一台电脑,预计使用年限为 5 年,原值为 21 000 元,净残值率为 3%,采用"双倍余额递减法"计提折旧。

实验七 应收款系统

一、初始设置

实验准备

已经完成了"总账系统初始化"的操作，将系统日期修改为"2016 年 1 月 1 日"，由 201 号操作员注册进入 200 账套的"应收款管理"。

实验要求

- 设置系统参数
- 设置科目
- 坏账准备设置
- 账龄区间设置
- 报警级别设置
- 录入期初余额

实验资料

1. 200 账套应收款系统的参数

坏账处理方式为"应收余额百分比法"，启用客户权限，并且按信用方式根据单据提前 7 天自动报警。

2. 基本科目

应收科目为"1122 应收账款"，销售收入科目为"6601 主营业务收入"，应交增值税科目为"22210102 应交税费——应交增值税——销项税额"，销售退回科目为"6601 主营业务收入"，商业承兑科目为"1121 应收票据"。

3. 结算方式科目

现金支票结算方式科目为"1001 库存现金"，转账支票结算方式科目为"100201 建行存款"。

4. 坏账准备

提取比率为"0.3%"，坏账准备期初余额为"0"，坏账准备科目为"1231 坏账准备"，坏账准备对方科目为"6602 管理费用"。

5. 账龄区间

总天数分别为 120 天和 240 天。

6. 报警级别

A 级时的总比率为 20%，B 级时的总比率为 30%，总比率在 30%以上为 C 级。

7. 期初余额(开票日期为 2015 年，如表附录一-20 所示)

表附录一-20　期初余额情况

单据名称	方向	开票日期	客户名称	销售部门	科目编码	价税合计/元
其他应收单	正	2015-12-22	前进公司(01)	销售部(302)	1122	30 000

二、日常业务处理

实验要求

- 录入应收单据(其他应收单)并在审核后制单
- 录入收款单据并在审核后制单
- 核销收款单据
- 填制商业承兑汇票并制单
- 应收冲应收暂不制单
- 处理坏账发生业务并制单
- 取消对建达公司的核销操作
- 将未制单的单据制单

实验资料

(1) 2016 年 1 月 15 日，向"前进公司"销售产品，形成应收款共计 90 000 元，向"建达集团"销售产品，形成应收款共计 60 000 元。

(2) 2016 年 1 月 20 日，收到"前进公司"转账支票一张，还款共计 80 000 元。

(3) 2016 年 1 月 22 日，收到"建达公司"签发并承兑的商业承兑汇票一张(NO.6902)，面值为 50 000 元，到期日为 2016 年 5 月 20 日。

(4) 2016 年 1 月 22 日，经三方同意将 1 月 15 日形成的应向"建达公司"收取的应收款余款 10 000 元转为向"前进公司"的应收账款。

(5) 2016 年 1 月 31 日，将 1 月 15 日形成的应向"前进公司"收取的应收账款的余款 10 000 元转为坏账。

实验八 应付款系统

一、初始设置

实验准备

已经完成了"总账系统初始化"的操作，将系统日期修改为"2016年1月1日"，由201号操作员注册进入200账套的"应付款管理"。

实验要求

- 设置系统参数
- 基础设置
- 报警级别设置
- 录入期初余额

实验资料

1. 200账套应付款系统的参数

启用供应商权限，并且按信用方式根据单据提前7天自动报警。

2. 基本科目

应付科目为"2202应付账款"，预付科目为"1123预付账款"，采购科目为"1401材料采购"，采购税金科目为"22210101应交税费——应交增值税——进项税额"，商业承兑科目为"2201应付票据"。

3. 结算方式科目

转账支票结算方式科目为"100201建行存款"。

4. 报警级别

A级时的总比率为30%，B级时的总比率为40%，总比率在40%以上为C级。

5. 期初余额(开票日期为2015年，如表附录一-21所示)

表附录一-21 期初余额

单据名称	方　　向	开票日期	结算方式	供应商名称	采购部门	科目编码	金额/元
预付款单	正	2015-12-23	转账支票	大发公司(01)	采购部(301)	1123	30 000

二、日常业务处理

实验要求

- 录入应付单据(其他应付单)并审核暂不制单
- 修改应付单据并审核
- 录入付款单据并在审核后制单
- 核销大发公司的付款单据
- 填制商业承兑汇票并制单
- 预付冲应付并制单
- 查询并删除凭证
- 取消对大发公司的转账操作
- 将未制单的单据制单

实验资料

(1) 2016 年 1 月 15 日，从"大发公司"采购原材料 20 吨，单价为每吨 800 元，增值税率为 17%，原材料已验收入库，货税款尚未支付。

(2) 2016 年 1 月 15 日，从"大发公司"采购原材料 20 桶，单价为每桶 2 000 元，增值税率为 17%，原材料已验收入库，货税款尚未支付。

(3) 2016 年 1 月 18 日，发现 2016 年 1 月 15 日从"大发公司"采购原材料 20 吨的单价应为每吨 790 元。

(4) 2016 年 1 月 22 日，以转账支票向"大发公司"支付采购原材料 20 吨的货税款 18 486 元。

(5) 2016 年 1 月 22 日，向"大发公司"签发并承兑商业承兑汇票一张(NO.58891)，面值为 20 000 元，到期日为 2016 年 6 月 22 日。

(6) 2016 年 1 月 28 日，经双方同意，将向"大发公司"2016 年 1 月 15 日购买原材料 20 桶货税款的余款 16 800 元与预付款冲抵。

(7) 删除 1 月 22 日填制的签发并承兑商业承兑汇票的记账凭证。

(8) 取消对"大发公司"的转账操作。

附录二

U8 财务常用问题自查自助

1. 系统安装与配置

Q1. U8 安装完成后不能正常使用。

分析成因：U8 安装完成后，用户有时会遇到 U8 不能正常使用的情况，系统不能正常使用有很多种可能，原因不一且定位困难，需要借助专业工具进行诊断。

解决方案：执行"开始"|"程序"|"用友 ERP-U872"|"系统服务"|"诊断工具"命令，打开"用友 ERP-U8 诊断工具向导"对话框，单击"下一步"按钮，诊断工具会根据 U8 产品的环境要求进行自动检测，诊断各种由环境引起的问题并生成相应的报告，供用户自查及维护人员进行错误排查。检测完成后出具的检测报告如图附录二-1 所示。

图附录二-1　检测报告

Q2. IIS 未安装。

在安装用友 ERP-U8 之前，要求系统满足一定的安装条件，其中包括事先安装好 IIS。

IIS-Internet Information Services 互联网信息服务，是由微软公司提供的基于 Microsoft Windows 的服务组件，其中包括 Web 服务器、FTP 服务器、NNTP 服务器和 SMTP 服务器，分别用于网页浏览、文件传输、新闻服务和邮件发送等方面，它使得在网络上发布信息成了一件很容易的事。

解决方案：安装 IIS。

操作指引：

① 执行"开始"|"设置"|"控制面板"命令，进入"控制面板"窗口。

② 选择"添加或删除程序"中的"添加/删除 Windows 组件"，选中"Internet 信息服务(IIS)"复选框，如图附录二-2 所示。

图附录二-2　安装 IIS

③ IIS 安装过程中会提示指定文件路径，有两种应对策略。一种是插入 Windows 系统盘，指定系统盘所在驱动器位置；另外一种是预先下载好 IIS 并解压，这时需要指定解压文件所在位置。IIS 安装完成后将包括 Web、FTP、NNTP 和 SMTP 等全部四项服务。

如果是 Windows XP，建议安装 IIS 5.1；如果是 Windows 2003 SERVER，建议安装 IIS 6。

Q3. 安装好 U8 提示找不到数据源。

解决方案：在"用友 ERP-U872"|"系统服务"|"应用服务器"中配置应用服务器指向数据库服务器和加密服务器。

2. 系统管理

Q1. 如果建账时未设置外币核算，现在企业增加了对外业务，如何修改？

解决方案：以账套主管身份登录系统管理，执行"账套"|"修改"命令。

Q2. 什么情况下会用到"初始化数据库"的功能？初始化数据库时数据库实例和 SA 该怎样填？

解决方案：初始化数据库就是对数据库中的信息进行重置。对本机来说，数据库实例一般就是你自己计算机的名字。SA 是数据库超级管理员，安装数据库的时候为他设置过一个密码，初始化数据库的时候需要输入 SA 的密码。

Q3. 清除异常任务和清除单据锁定。

分析成因：

(1) 什么情况下会显示任务异常？

如果用户服务端超过限制时间未工作或由于不可预见的原因非法退出系统，会被系统识别为异常任务，在系统管理主界面中显示"运行状态异常"。"运行状态异常"会带来两种后果：一是占用系统资源，企业购买软件时是有用户数限制的，运行异常的任务也占用了一个用户的操作资源，影响其他用户登录；二是如果该任务是独占性质的任务(独占是指该功能执行时与其他功能互斥，如月末结账时是不允许其他业务同时处于运行状态的)，会影响其他操作的正常执行。

(2) 什么情况下会发生单据锁定？

如果正在用友 ERP-U8 系统中的客户端填制业务单据如采购入库单且尚未保存的情况下突然发生系统断电、死机或网络中断等不可预见的情况，系统会锁定当前操作的单据。再次启动系统并重新填制采购入库单时，系统会提示采购入库单正在使用无法增加，这时就需要用到系统管理中的"清除单据锁定"功能。

解决方案：

针对异常任务和单据锁定的情况，用友 U8 提供了人工处理和自动处理两种方式。

(1) 人工处理

以系统管理员身份注册进入系统管理，执行"视图"|"清除异常任务"/"清除单据锁定"命令，如图附录二-3 所示。

图附录二-3　人工清除

(2) 自动处理

在 U8 服务管理器中设置服务端异常和服务端失效的时间，可以提高系统使用的安全性和高效性。

操作指引：

① 执行"开始"|"程序"|"用友 ERP-U872"|"系统服务"|"应用服务器配置"命令，打开"U8 应用服务器配置"对话框。

② 单击"数据库服务器"按钮，进入"数据源配置"窗口，如图附录二-4 所示。

③ 增加或修改数据源，在"高级"选项卡中设置"连接超时"时间。

图附录二-4 数据源配置

3. 企业应用平台

Q1. 进入账套，提示演示版已到期。

分析成因：这个问题要分两种情况说明。第一种，如果您机器里安装的是用友 ERP 的演示版，演示版只支持三个月的业务处理，当您在系统中建了一个账套且用该账套处理的业务跨过了三个月的时间期限时，就会出现这样的系统提示。第二种，如果您登录系统时已经超过了购买的站点数，也会出现这个问题。

解决方案：对于以上第一种情况必须重新安装系统。对于第二种情况，先检查一下系统管理界面上是否有异常任务，如果有请清除异常任务再进行登录；如果是站点数，只有企业购买的正版才存在站点数问题，此处不讨论。

Q2. 在启用薪资管理、固定资产等系统时，出现如图附录二-5 所示的提示信息，无法启用。

图附录二-5 系统提示信息

分析成因：从系统提示可以看出，系统启用属于账套级独占任务，也就是说该账套中不能有同时运行的其他任务才可以进行子系统的启用，而根据系统提示，该站点正在运行功能(GL)，说明此时该用户登录了总账子系统。

解决方案：在业务工作中，右击"总账"，然后选择"退出"命令即可，如图附录二-6所示。

图附录二-6　退出总账登录

Q3. 在进行编码方案设置时会计科目编码方案为 32222，不能将一级科目编码长度调整为 4。

分析成因：建账时行业性质选择错误。

解决方案：建账时选择行业性质为"2007 新会计准则"。提示：如果利用修改账套功能重新选择行业性质，已预置的会计科目无法同时变更，达不到真正变更行业性质的目的。

Q4. 为什么在企业应用平台"基础设置"选项卡中，基础档案的任何一个节点都打不开？

分析成因：没有启用 U8 的任何一个子系统，也就无须录入基础档案。

解决方案：在企业应用平台的"基础设置"选项卡中，执行"基本信息"|"系统启用"命令，进行 U8 子系统启用设置。

4. 总账

Q1. 总账模块已经使用，现在要修改该模块的启用时间，有什么办法？

分析成因：系统一旦使用，系统启用时间不允许修改。

解决方案：进入总账系统，执行"设置"|"账簿清理"命令，再重新设置总账模块的启用时间。需要注意的是，使用账簿清理操作要慎重，该操作会清掉本年录入的所有发生额和余额，账簿清理前要做好数据备份。

Q2. 会计科目已经使用，是否允许增加新的科目，如何增加？

解决方案：当某一会计科目已经有发生数据，如库存现金科目，需要在该科目下设置"库存现金—人民币"。

操作指引：

① 在会计科目界面，增加"100101 人民币"科目，保存该科目时，系统弹出信息提示框，如图附录二-7所示。

图附录二-7　会计科目已使用情况下新增科目提示 1

② 单击"是"按钮，再单击"下一步"按钮，系统弹出信息提示框如图附录二-8 所示。

图附录二-8　会计科目已使用情况下新增科目提示 2

③ 单击"是"按钮，系统弹出"你已经成功地增加科目 100101！"信息提示框，单击"确定"按钮完成。

Q3. 应收账款科目的期初余额翻倍，是什么原因造成的？

分析成因：应收账款科目未设置辅助核算前就录入了该科目的期初余额，之后将该科目设置为客户往来辅助核算，然后按照客户录入期初余额后返回总账期初余额造成期初余额翻倍。

解决方案：首先删除辅助账期初数据；然后修改科目去掉辅助核算，在余额录入界面删除应收账款科目的余额数据；最后修改科目增加辅助核算，重新按辅助账录入期初余额。

Q4. 填制凭证保存时，系统提示"日期不能滞后系统日期"。

分析成因：当前凭证上填制的日期超过了计算机中的 CMOS 时钟日期，凭证代表业务发生，系统日期一般为当前日期，系统判断你超前于业务发生就进行业务处理了。

解决方案：或调整凭证上的业务日期；或重新设置系统日期再填制凭证。

Q5. 填制凭证界面上，凭证右上角的两条横线是做什么的？

此处为凭证自定义项录入，可以录入凭证上需要特殊标注和说明的信息。

Q6. 录入"从银行提现"保存凭证时，系统提示"现金流量科目必录现金流量项目"。

分析成因：在会计科目界面中已经指定了现金流量科目且在总账选项中选中了"现金流量科目必录现金流量项目"选项。

解决方案：对于"从银行提现"业务来说不涉及现金流量，建议取消总账"现金流量科目必录现金流量项目"选项的选择。

Q7. 已经填制了各类凭证，但进行出纳签字时，系统提示"没有符合条件的记录"。

分析成因：没有指定现金和银行科目

解决方案：在企业应用平台基础设置中，执行"基础档案"|"财务"|"会计科目"命令，进入"会计科目"窗口；执行"编辑"|"指定科目"命令，指定现金科目和银行科目。

Q8. 填制凭证时，当使用应收账款、应收票据或预收账款科目时，系统提示"不能使用[应收系统]的受控科目"。

分析成因：在设置会计科目时，当设置应收账款科目为"客户往来"辅助核算时，系统自动将该科目设置为应收账款系统的受控科目，即该科目只能在应收款系统中使用。

解决方案：如果需要在总账中使用该科目，有两种解决方案。一是修改"应收账款"会计科目，将其受控系统设置为"空"；二是执行"总账"|"设置"|"选项"命令，在"凭证"选项卡中选中"可以使用应收受控科目"选项。

Q9. 在保存凭证时，系统提示"不满足借方必有条件"，无法保存。

分析成因：在设置凭证类别时，针对每一类凭证设置了限制类型和限制科目，如收款凭证借方必有"1001,1002"，付款凭证贷方必有"1001,1002"，当您填制了一张"收款凭证"而将凭证类别选择为"付款凭证"时，就会出现上述提示。

解决方案：选择正确的凭证类别保存凭证。

Q10. 凭证记账时提示"无可记账凭证"。

分析成因：原因可能是以下几种。第一种，上月未结账；第二种，本月凭证未审核；第三种，本月凭证已记账。

解决方案：第一，在总账中执行"期末"|"结账"命令，查看上月是否已经结账；第二，执行"凭证"|"查询凭证"命令，查看凭证上是否有审核人、记账人。查明原因，再采取相应措施。

Q11. 不能进入支票登记簿功能。

分析成因：可能的原因，一是在设置会计科目时没有将银行存款科目设置为"银行账"；二是没有在结算方式设置中选择"是否票据管理"标记。

解决方案：按上述两项进行检查并设置。

Q12. 该操作员有审核权，却不能进行审核凭证的操作。

分析成因：在总账选项中设置了"凭证审核控制到操作员"，而之后没有进行后续相关权限的分配。

解决方案：执行"总账"|"设置"|"数据权限分配"命令，选择业务对象"用户"，在用户列表中选择欲赋权的审核人，对其进行授权。

4. 报表

Q1. 资产负债表左右不平,一般都有什么原因,如何检查?

分析成因:资产负债表左右不平原因可能有多个方面,可以从以下几方面着手检查。

(1) 检查凭证是否已全部记账。

(2) 检查余额表中所有损益类科目是否已经结转为空。

(3) 一级科目特别是新增一级科目是否包含在资产负债表的相关项目中。

(4) 未分配利润是否取数正确;如果未分配利润是他表取数方式,检查利润表是否取数正确。

解决方案:按以上各项逐项检查落实即可。

Q2. 利润表取数不正确,一般都有什么原因?如何检查?

分析成因:可以从以下几方面着手检查。

(1) 除结转外,所有费用类科目有无贷方发生的,所有收入类科目有无借方发生的。

(2) 凭证是否全部记账,本期有没有新增损益科目。

(3) 累计数取数不正确要查询上月报表是否正确。

Q3. 用户的主营业务成本科目有凭证做在贷方了,UFO报表取数不正确。

解决方案:对于成本类科目,要用借方负数的方式来做凭证;如果一定要记入贷方,则需要修改公式,使用"借方发生-贷方发生",但这样对于利润表,需要在期间损益结转之前算出报表。

Q4. 每次使用完报表后总出现一个后缀名为 rbk 的文件,整个文件是做什么用的?

解决方案:rbk 文件为之前报表的备份文件,如果报表文件修改错误又点击了保存,可以更改此 rbk 文件的后缀名为 rep,打开即可恢复到之前的报表状态。

Q5. 现金流量表为何取不到数?

分析成因:可能的原因有两种。一是系统提供的现金流量表上没有设置关键字;二是因为业务发生时没有指定现金流量项目。

解决方案:第一,确定在现金流量表上设置关键字;第二,如果在业务发生时没有及时确认现金流量项目,那么需要在"总账"|"现金流量表"|"现金流量凭证查询"中补录现金流量;第三,在 UFO 中设置现金流量取数公式。

5. 薪资管理

Q1. 一个月发两次工资,在工资系统中如何处理?

解决方案:设置多个工资类别,对某个工资类别设置发放次数。

Q2. 打开某工资类别,在工资项目设置中,新增了三个工资项目,但是在工资变动中却看不到这三个新增的工资项目?

分析成因:检查是否与权限有关。如果以账套主管登录是正常的,就检查在"设置"|"权限"|"数据权限控制设置"中,是否设置了工资的数据权限,有可能当前登录的操作员没有被赋予该新增工资项目的权限。

解决方案：方案一，取消工资的数据权限控制设置，即执行"设置"|"权限"|"数据权限控制设置"命令，将记录级"工资权限"的数据权限对勾去掉；方案二，设置当前操作员拥有该工资项目的权限，即执行"设置"|"权限"|"数据权限设置"命令，记录级选择"工资权限"，用户选择该操作员，单击"授权"按钮，将该操作员赋予工资项目的权限。

6. 固定资产管理

Q1. 当月新增加的固定资产，当月已经计提了折旧，如何修改？

解决方案：当月增加的卡片，无论是否计提折旧当月都可以直接修改。

Q2. 固定资产能不能一次添加多个同样的资产卡片？

解决方案：系统支持卡片复制功能，可以批量复制出多张卡片后，再逐一进行微调或修改。

Q3. 计提折旧后，能否修改本月折旧和累计折旧？

解决方案：计提折旧后在折旧清单中按 Ctrl+Alt+G 组合键恢复隐藏的修改按钮，折旧清单中不能修改累计折旧，只能修改本月折旧金额，修改累计折旧要通过变动单实现。

Q4. 2 月份登录固定资产的时候提示不属于最新可修改日期。

分析成因：登录日期错误。原因是 1 月份未结账。

解决方案：以 1 月份日期登录固定资产系统进行结账之后，再以 2 月份日期登录。

Q5. 固定资产和总账进行对账时提示对账不平。

分析成因：本月已经计提折旧，但是没有生成凭证或者生成的凭证没有在总账系统中记账。

解决方案：生成凭证且在总账系统中进行审核记账。